V&R

classica
Kompetenzorientierte lateinische Lektüre
Herausgegeben von Peter Kuhlmann

Band 11: Tacitus
Agricola
Bearbeitet von Henning Horstmann

Tacitus
Agricola

Bearbeitet von Henning Horstmann

Vandenhoeck & Ruprecht

Bibliografische Information der Deutschen Nationalbibliothek

Die Deutsche Nationalbibliothek verzeichnet diese Publikation in der Deutschen Nationalbibliografie; detaillierte bibliografische Daten sind im Internet über http://dnb.d-nb.de abrufbar.

ISBN 978-3-525-71113-2

Umschlagabbildung: Gagafoto@online.de

© 2017, Vandenhoeck & Ruprecht GmbH & Co. KG, Theaterstraße 13, D-37073 Göttingen/
Vandenhoeck & Ruprecht LLC, Bristol, CT, U.S.A.
www.v-r.de
Alle Rechte vorbehalten. Das Werk und seine Teile sind urheberrechtlich geschützt.
Jede Verwertung in anderen als den gesetzlich zugelassenen Fällen bedarf der vorherigen schriftlichen Einwilligung des Verlages.
Printed in Germany.

Satz: SchwabScantechnik, Göttingen
Druck und Bindung: ⊕ Hubert & Co GmbH & Co. KG, Robert-Bosch-Breite 6, D-37079 Göttingen

Gedruckt auf alterungsbeständigem Papier.

Inhalt

I. Einleitung

Standards und Kompetenzen 8
Tacitus: Leben und Werk 10
Aufbau, Gattung und Ziele des *Agricola* 12
Stil und Sprache 14

II. Texte

Das Proöm: Ende einer düsteren Zeit

1. Biographie – eine in Verruf gekommene Gattung (Tac. Agr. 1) 16
2. Das Ausmaß geistiger Unterdrückung (Tac. Agr. 2) 18
3. Senat und *libertas* 20
4. Das Ende der Schweigsamkeit (Tac. Agr. 3) 22
5. Die hohe Kaiserzeit: Domitian vs. Nerva/Trajan 24

Agricolas Aufstieg

6. Gnaeus Iulius Agricola (Tac. Agr. 4) 26
7. Erste Schritte als Soldat (Tac. Agr. 5) 28
8. Beginn der politischen Karriere (Tac. Agr. 6) 30
9. Lob einer *virtus in obsequendo* (Tac. Agr. 8) 32
10. Die vielen *virtutes* des Agricola (Tac. Agr. 9,2–5) 34

Der Britannienexkurs

11. Eine ferne Insel (Tac. Agr. 10, 1–4) 36
12. Britannien als Provinz im Römischen Reich 38
13. Wer sind die Britannier? (Tac. Agr. 11) 40
14. Gesellschaftsordnung, Klima und Bodenschätze (Tac. Agr. 12) 42
15. Boudicca, Königin der Icener (Tac. Ann. 14,31–32,2) 44
16. Eine bemerkenswerte Frau (Cass. Dio 62,1–2) 46
17. Aufrecht bis zum Schluss (Tac. Ann. 35–37) 48

Agricolas Statthalterschaft in Britannien

18. Ein überaus dynamischer Auftakt (Tac. Agr. 18) 50
19. Musterbild eines Statthalters (Tac. Agr. 19–20) 52
20. Agricola als Zivilisationsstifter? (Tac. Agr. 21) 54

Finaler Kampf am Berg Graupius

21. Kritik an Rom – Die Rede des Calgacus (Tac. Agr. 30) 56
22. Romkritik im Vergleich 58

Fluch des Ruhms – Agricolas Rückkehr nach Rom

23. Ein neidischer und angstvoller Princeps (Tac. Agr. 39) 60
24. Rückkehr im Schutz der Nacht (Tac. Agr. 40) 62
25. Agricola: Historizität vs. literarische Ausgestaltung 64
26. Gefährlicher Heldenstatus (Tac. Agr. 41) 66
27. Mäßigung als Schlüssel (Tac. Agr. 42) 68
28. Große Männer in schwierigen Zeiten (Tac. Ann. 4,20,2 f.) 70
29. Tod und Schmierentheater (Tac. Agr. 43) 72

Der Epilog: Nachruf und Nachwirkung

30. Ein in jeder Hinsicht glücklicher Mann (Tac. Agr. 44) 74
31. Apostrophe eines Toten (Tac. Agr. 45) 76
32. Die Gestalt des Geistes ist ewig (Tac. Agr. 46) 78

III. Anhang

Lernwortschatz 80
Wichtige Stilmittel und ihre Funktionen 94
Namensregister 96

Liebe Schülerinnen und Schüler,

Tacitus gilt vielen als der größte römische Historiker. Berühmt ist er vor allem für seine scharfsinnigen psychologischen Analysen – wie kein Zweiter gibt er in seinen Werken Einblick in das Zusammenspiel von Macht, Politik und Interessen. In dieser Textausgabe lernen Sie das erste, recht kurze Werk des Tacitus kennen, den *Agricola*. Dabei handelt es sich nur vordergründig um die Biographie seines Schwiegervaters, der vor allem für seine militärischen Erfolge in der römischen Provinz Britannien bekannt wurde. Eigentlich geht es Tacitus aber um ein größeres Thema: die schonungslose Charakterisierung und Beurteilung der römischen Kaiserzeit. Das Bild, das er von Kaiser Domitian und dessen Nachfolgern entwirft, prägt noch heute unser Verständnis dieser Epoche.

Weil die Sprache des Tacitus mitunter nicht ganz einfach ist, wird in dieser Ausgabe nicht nur auf unterschiedliche Schwierigkeitsgrade hingewiesen (s. u.), sondern es werden auch des Öfteren ganze Texte oder einzelne Abschnitte zweisprachig aufgeführt. Ob es sich um eine genaue Übersetzung oder eine inhaltliche Paraphrase handelt, können Sie jeweils der Überschrift entnehmen. Je nach Art der Textpräsentation finden Sie dann im Anschluss dazu passende Arbeitsaufträge und weiterführende Aufgaben.
  Für die lateinischen Textstellen geben Ihnen die Buchstaben A, B, C hinter den Überschriften eine grobe Einschätzung des Schwierigkeitsgrades:

A leicht/viele Hilfen;
B mittelschwer;
C schwierig/weniger Hilfen.

Hinweise zur Grammatik/wichtige Vokabeln: Vor der Lektüre können Sie die in der Fußzeile angegebenen Grammatikthemen und wichtigen Vokabeln wiederholen. Beides hilft Ihnen, den entsprechenden Text leichter zu verstehen.

Im Anhang finden Sie eine Stilmittelübersicht, ein Namensregister sowie den Lernwortschatz, der neben den speziellen Vokabeln für jedes Textstück auch eine Übersicht der wichtigsten übergreifenden Begriffe für den *Agricola* enthält. Die dort angegebene Auswahl ist zur Sicherung und Erweiterung Ihrer Wortschatzkenntnisse gedacht. Damit können Sie das Rüstzeug erarbeiten, um die Texte zu erschließen und kontextbezogen die passende Wortbedeutung zu finden. Wörter, die weder im Lernwortschatz enthalten noch als Hilfe angegeben sind, schlagen Sie im Wörterbuch nach.

Standards und Kompetenzen

Sprache: Ich kann …

- Sachfelder zu den Themen Politik, Militär, *virtutes* u. a. herausarbeiten und kategorisieren.
- abstrakte Eigenschaften und Wertbegriffe in ihrer jeweiligen Bedeutung aus dem Zusammenhang erschließen.
- erläutern, welches semantische Konzept hinter Kernbegriffen wie *libertas, virtus, moderatio* u. a. steht.
- Besonderheiten der Formenlehre identifizieren und übersetzen (z. B. historische Infinitive, kürzere Perfektformen u. a.).

Text: Ich kann …

- typische Merkmale der im *Agricola* miteinander verwobenen Gattungen bzw. literarischen Traditionen benennen und im Text nachweisen (z. B. Biographie, Historiographie, Lobgedicht, *laudatio funebris* u. a.).
- typische Charakteristika von Tacitus' Stil und Ausdrucksweise benennen, im Text erkennen, angemessen übersetzen sowie in ihrer Funktion im Kontext erläutern (z. B. *brevitas,* Inkonzinnität, abstrakte Ausdrucksweise, Hinterlastigkeit u. a.).
- explizite und implizite Strategien der Leserlenkung kontextuell nachweisen (z. B. Wertungen, Andeutungen, Gerüchte, Schwarz-Weiß-Malerei u. a.).
- Tacitus' politisch-gesellschaftliche Grundüberzeugungen aus dem Text herausarbeiten und erläutern (z. B. Kritik am Prinzipat, Ideale der *libertas, virtus, moderatio* u. a.).
- Themen, Aufbau und Gedankenführung einzelner Kapitel und Textabschnitte mithilfe sinntragender lateinischer Begriffe beschreiben und erklären.

Kultur: Ich kann …

- zusammenfassen, wie Tacitus die Herrschaft Domitians bzw. seiner Nachfolger Nerva und Trajan erlebt hat und beurteilt.
- benennen und erläutern, welche Grundelemente der Römischen Republik im Prinzipat verloren gingen (z. B. Einflussmöglichkeiten des Senats).
- darlegen, an welchen Stellen die eigentliche Biographie *Agricola* zu einer Form von Geschichtsschreibung ausgestaltet wird und der Bewahrung der *memoria* dient.
- erklären, inwieweit Tacitus als Vertreter einer senatorischen Geschichtsschreibung keine objektive, sondern eine spezielle Perspektive vertritt.
- die taciteischen Reflexionen über den Umgang mit Macht, das richtige Verhalten in einer Tyrannei sowie die Entfaltung von *virtus* mit modernen Vorstellungen vergleichen.

Übergreifende Leitfragen für die Textanalyse

Sie können einzelne Kapitel des *Agricola* auch selbstständig analysieren. Die folgenden grundlegenden Aspekte und Fragestellungen sollten Sie dabei im Blick haben:
- Position im Werk und Kontext: Zu welchem größeren Block (s. S. 12) gehört der Text? Was passiert vorher, was folgt darauf?
- Titel und Zusammenfassung: Finden Sie eine passende Überschrift für das Kapitel und fassen Sie den Inhalt in eigenen Worten zusammen!
- Gliederung und Aufbau: Welche Struktur weist der Text auf?
- Stil und Sprache: Welche sprachlichen Besonderheiten weist der Text auf? (benutzen Sie dafür die Übersicht auf S. 14 f. und das Stilmittelverzeichnis am Ende)
- Charakterisierung: Wie werden Agricola, Domitian oder andere Personen dargestellt?
- Leserlenkung: Welchen Eindruck möchte Tacitus erzeugen? Wie erreicht er das?

Tacitus: Leben und Werk

Leben

Allzu viel weiß man nicht über Tacitus – noch nicht einmal sein vollständiger Name ist sicher, meist wird er als Publius Cornelius Tacitus angegeben. Er dürfte ungefähr von 58–120 n. Chr. gelebt haben; wahrscheinlich stammte seine Familie aus einer gallischen Provinz und gehörte dem Ritterstand an. Das Wenige, was man über Tacitus' Leben weiß, stammt aus einzelnen, verstreuten Informationen in seinen Werken sowie in denen von Zeitgenossen (z. B. in den Briefen von Plinius dem Jüngeren, mit dem er freundschaftlich verbunden war). Daraus geht hervor, dass Tacitus schon früh auf eine politische Karriere in Rom vorbereitet wurde.

Nach seiner schulischen und rhetorischen Ausbildung arbeitete er zunächst als Gerichtsredner, vergleichbar mit einem heutigen Rechtsanwalt, und erwarb sich dabei großes Ansehen. Im Jahr 76 oder 77 verlobte er sich mit der Tochter des Konsuls Gnaeus Iulius Agricola – seinem Schwiegervater Agricola widmete er Jahre später sein erstes schriftstellerisches Werk. Den *cursus honorum* (politische Ämterlaufbahn) begann er wohl unter dem Kaiser Vespasian. Wenn das abgebildete, erst vor einigen Jahren gefundene Steinfragment wirklich ein Stück von Tacitus' Grabinschrift darstellt, war er zunächst *decemvir stlitibus iudicandis* (Vorsitzender eines Gerichtshofs für Zivilklagen), dann Militärtribun (Offizier in der römischen Armee). Im Anschluss, wohl ca. 81 n. Chr. unter Kaiser Titus, wurde er demnach *quaestor Augusti* (etwa in der Funktion eines »leitenden Angestellten« des Kaisers, zuständig u. a. für das Verlesen von kaiserlichen Reden im Senat) und darauf Volkstribun. Fest steht, dass Tacitus 88 n. Chr. unter Kaiser

Grabstein des Tacitus, Museo Nazionale Romano (© Livius.org).

Domitian als Prätor sowie *quindecimvir sacris faciundis* (Mitglied eines hochrangigen Priesterkollegiums) fungierte und danach für einige Jahre nicht in Rom sein konnte, vielleicht weil er als Legat in einer Provinz eingesetzt war. Deshalb konnte er beim Tod seines Schwiegervaters Agricola 93 n. Chr. nicht anwesend sein.

Im Prinzipat des Nerva wurde Tacitus 97 n. Chr. Konsul und stand damit auf dem Höhepunkt seiner politischen Karriere. Kurz darauf begann er seine schriftstellerische Tätigkeit. Politisch tritt Tacitus in den folgenden Jahren ab 98 n. Chr. – inzwischen ist Trajan der neue *princeps* – vereinzelt erneut als Redner vor Gericht in Erscheinung, außerdem dient er vermutlich in den Jahren 104/105 als Provinzstatthalter außerhalb Roms. Wohl 112/113 n. Chr. übernimmt er schließlich das Prokonsulat in der Provinz *Asia* (in etwa die heutige Türkei). Sein genaues Todesdatum ist unbekannt; man schätzt, dass er Trajan, der im Jahr 117 starb, noch um kurze Zeit überlebt hat.

Werke

Die Biographie *Agricola*, in der Tacitus vom Wirken seines hauptsächlich für seine Erfolge in Britannien berühmten Schwiegervaters berichtet, dürfte das erste Werk des Tacitus sein. Noch im selben Jahr (98 n. Chr.) erscheint die Schrift *Germania*, eine ethnographische Studie über Land und Leute in der den Römern ebenso fremden wie fernen Provinz am Rhein. Wohl kurz darauf veröffentlicht Tacitus den *Dialogus de oratoribus*, ein fiktives Streitgespräch über den Verfall von Rhetorik und Bildung. Berühmtheit hat Tacitus jedoch vor allem durch seine umfangreichen späten Geschichtswerke erlangt, nämlich die *Historien* (Geschichte des römischen Reichs von 69–96 n. Chr.; nur zum Teil erhalten) und die *Annalen* (von 14–68 n. Chr.; ca. zur Hälfte erhalten). In ihnen skizziert er scharfsinnig und analytisch ein eher düsteres, pessimistisches Bild des römischen Prinzipats.

Tacitus und das Prinzipat

Obwohl Tacitus von klein auf unter den Bedingungen des römischen Prinzipats aufwuchs und seine politische Karriere offensichtlich auch von verschiedenen Kaisern gefördert wurde, kennzeichnet seine Werke eine erkennbare Distanz zu dieser Regierungsform. Ideologisch gibt sich Tacitus in seinen Schriften als Anhänger der alten Senatsaristokratie zu erkennen, deren Einfluss- und Entfaltungsmöglichkeiten nach dem Untergang der Republik in seinen Augen unrechtmäßig beschnitten wurden. Zwar erkennt er durchaus Unterschiede zwischen verschiedenen *principes* – so gelten ihm z. B. Augustus, Vespasian, Trajan als »gute«, Caligula, Nero, Domitian als »schlechte« Kaiser – und thematisiert auch die Chancen, die in der Anpassung an die neue Realität liegen, im Ganzen aber dominiert in seinen Schriften scharfe, bissige und nicht selten hintergründige Kritik an den Gegebenheiten des Prinzipats und seinen Protagonisten, den Alleinherrschern.

Aufbau, Gattung und Ziele des *Agricola*

Gliederung des Werks

Der *Agricola* des Tacitus ist, gemessen an den meisten anderen lateinischen Schriften, ein relativ kurzes und kompaktes Werk – die Monographie umfasst »nur« ca. 6.800 Wörter. Die folgende Tabelle zeigt, wie sich das Werk grob in sieben Abschnitte gliedern lässt, die von Tacitus recht symmetrisch um die ausführliche Schilderung von Agricolas Statthalterschaft in Britannien angeordnet wurden:

Kapitel		Grobstruktur
1–3	(3 Kap.)	1. Proöm
4–9	(6 Kap.)	2. Agricolas Aufstieg
10–17	(8 Kap.)	3. Britannienexkurs
18–29	(12 Kap.)	4. Agricolas Statthalterschaft
30–37	(8 Kap.)	5. Entscheidungsschlacht am *Mons Graupius*
38–43	(6 Kap.)	6. Auswirkungen und Rückkehr nach Rom
44–46	(3 Kap.)	7. Epilog

Die Gattungsfrage: Was ist der *Agricola* für ein Werk?

Welchen Titel Tacitus ursprünglich verwendet hat, ist nicht geklärt, am wahrscheinlichsten lautete er aber so: *De vita Iulii Agricolae liber* (»Buch über das Leben des Iulius Agricola«). Das legt nahe, den *Agricola* als BIOGRAPHIE, d. h. »Lebens-Beschreibung« (lat. *vita*) zu verstehen. Viele Partien stützen das auch, etwa die Schilderung von Agricolas Jugend, die an die Viten über berühmte Männer *(De viris illustribus)* des Cornelius Nepos (ca. 100–28 v. Chr.) erinnert. Vieles entspricht aber eher einem ENKOMION (»Lobgedicht«, lat. *laudatio*): Tacitus verherrlicht durchweg Agricolas Leistungen und Charaktereigenschaften, ähnlich wie Plinius der Jüngere (61–113 n. Chr.) in seinem Werk *Panegyricus* den Kaiser Trajan überschwänglich lobt. Im Epilog wiederum wirkt der *Agricola* wie eine ehrende LAUDATIO FUNEBRIS (»Leichenrede«) bzw. auch wie eine CONSOLATIO (»Trostschrift«). Immer wieder lässt Tacitus auch Anklänge an die RHETORIK Ciceros erkennen, z. B. im besonders elaborierten Proöm. Im Mittelteil fällt hingegen auf, dass sich Tacitus bei der Gattung der COMMENTARII bedient hat, wie sie Cäsar in Form von (nur vermeintlich) nüchtern-sachlichen Notizen im *Bellum Gallicum* geprägt hat. Großen Einfluss hat offensichtlich auch die GESCHICHTSSCHREIBUNG genommen: Der Britannienexkurs, die Feldherren-Reden vor der Schlacht am *Mons Graupius* oder die chronologischen Darlegungen darüber, was Agricola im ersten, im zweiten, im dritten Jahr usw. in Britannien getan hat, sind Beispiele für direkte Anleihen bei den berühmten römischen Historikern Livius, Sallust und ihren Vorgängern. Insofern lässt sich der *Agricola* des Tacitus nicht einem speziellen literarischen Genre zuordnen, sondern stellt einen neuartigen Stilmix aus unterschiedlichen Gattungen und Einflüssen dar.

Die Hauptfigur: Wer war Agricola?

Tacitus' Protagonist und Titelheld ist sein Schwiegervater Gnaeus Iulius Agricola. Dieser wurde 40 n. Chr. in *Forum Iulii* (heute Fréjus) in der Provinz *Gallia Narbonensis* (Südfrankreich) geboren. Er stammte aus einer Familie aus senatorischem Stand. Als Junge wuchs Agricola in *Massilia* (heute Marseille) auf und wurde dort auch ausgebildet und unterrichtet. Er legte dann eine erfolgreiche, für einen adligen Römer typische politisch-militärische Karriere unter den Kaisern Nero, Vespasian, Titus und Domitian hin. Darunter fielen z. B. folgende Posten und Ämter: Er war junger Heeresoffizier in Britannien, Quästor in Kleinasien, Volkstribun und Prätor in Rom, Legionskommandant wiederum in Britannien, drei Jahre lang Statthalter in Aquitanien und anschließend Suffektkonsul in Rom. Mit dem Konsulat sollte aber noch nicht der Höhepunkt erreicht sein: Anschließend war Agricola nämlich von 77–84 n. Chr. Statthalter der unruhigen Provinz Britannien und errang dort große militärische Erfolge. Im Jahr 84 wurde er von dort abberufen und lebte bis zu seinem Tod 93 n. Chr. in Rom, ohne politisch oder militärisch noch einmal in Erscheinung zu treten.

Agricolas bedeutsamste Leistungen waren:
- Erkundung völlig unbekannter Gebiete (heutiges Schottland, Orkney-Inseln u. a.)
- Erstmaliger Nachweis, dass es sich bei Britannien tatsächlich um eine Insel handelt
- Brechung jeglichen militärischen Widerstands und damit faktisch die vollständige Unterwerfung Britanniens (dies sollte allerdings nicht von langer Dauer sein)

Die Zielsetzung: Wieso schrieb Tacitus das Werk?

Tacitus führt im Werk selbst an einigen Stellen Gründe dafür an, wieso er sich der Abfassung der Schrift widmet. Vorrangige Motivation sei demnach, seinem Schwiegervater ein ehrendes Andenken zu verschaffen und seine Erfolge dadurch der Nachwelt zu überliefern. Bei der Beschreibung Britanniens bekundet Tacitus dementsprechend, dass er nun die erste realitätsgetreue Darstellung der Insel geben könne, da Agricola sie vollständig erkundet habe. Neben diesen expliziten Gründen scheint Tacitus aber auch einige unausgesprochene Ziele zu verfolgen: Es fällt auf, dass er die Schrift auch dazu nutzt, seine Freude über die neue Zeit unter Nerva und Trajan auszudrücken und die vorherige Herrschaft Domitians systematisch zu denunzieren. In dieser Abrechnung mit der Vergangenheit stellt Tacitus seinen Schwiegervater als eine Art Vorbild hin: Agricolas maßvolle, zurückhaltende Pflichterfüllung im Sinne des Gemeinwohls ist für Tacitus die ideale Lebensform eines römischen Aristokraten unter einem tyrannischen Kaiser. Demgegenüber hält Tacitus erkennbar nichts davon, sich in solchen Zeiten als Widerstandskämpfer zu exponieren und womöglich sogar dafür wie ein Märtyrer in den Tod zu gehen. Insofern verfolgt Tacitus mit dem *Agricola* auch implizit das Ziel, das Stillhalten und Sich-Arrangieren von Männern wie Agricola, die die Zeit Domitians nicht nur überlebten, sondern sogar von ihr profitierten, nachträglich zu legitimieren und aufzuwerten.

Stil und Sprache

Die Silberne Latinität

Tacitus gehört der Epoche der sogenannten »Silbernen Latinität« an. Damit wird mitunter die Epoche lateinischer Schriftsteller von ca. 50–170 n. Chr. bezeichnet, die auf die vermeintlich »Goldene Zeit« der lateinischen Literatur (die Zeit von Cicero, Cäsar, Vergil, Horaz u. a.) folgte. Neben Tacitus gehören z. B. noch Seneca, Plinius und Apuleius zu den Prosa-Schriftstellern dieser Epoche. Insgesamt impliziert der Begriff »Silberne Latinität« allerdings ein gewisses Dekadenzmodell, demzufolge die Schriftsteller dieser Zeit das als Norm und Ideal verklärte Latein der »Goldenen Latinität« nicht mehr erreichen – moderne Sprachwissenschaftler interessieren sich eher für den Wandel von Sprache, vermeiden qualitative Wertungen und lehnen eine solche Kategorisierung daher ab.

Es lassen sich einige typische Merkmale für Sprache und Stil dieser Zeit feststellen, die bei vielen Autoren auftauchen. Darunter fallen unter anderem auffällige Anlehnungen an eine POETISCHE AUSDRUCKSWEISE (z. B. dichterische Wendungen, Sätze im Versrhythmus, Wortschöpfungen bzw. Neologismen) sowie eine Neigung zur sogenannten ABUNDANTIA DICENDI (»Wortfülle«), was bedeutet, dass häufig Pleonasmen bzw. Tautologien (Wortreichtum ohne zusätzlichen Informationsgewinn) zu finden sind. Außerdem lässt sich oft INKONZINNITÄT (lat. *variatio*) beobachten, das heißt, der Autor weicht bewusst von einem parallelen, gleichförmigen Satzbau ab – etwas, was z. B. Cicero kaum macht. Auch die WORTSTELLUNG ist mitunter ungewöhnlich, etwa weil das Prädikat öfter bereits am Satzanfang zu finden ist oder weil *Ablativi absoluti* nicht vorn oder in der Mitte stehen, sondern hinten an Sätze angehängt werden.

Sonderstatus des Tacitus

Tacitus' Stil und Sprache galten schon in der Antike als komplex und anspruchsvoll. Noch heute sind sich Forscher bei vielen Textpassagen nicht sicher, was Tacitus eigentlich genau gemeint hat. Seine Sprache ist im Ganzen sehr elaboriert und gilt als hohe Kunstprosa. Die folgenden, typisch taciteischen Merkmale sollten Sie kennen:

- **Prägnanz und Kompaktheit** des Ausdrucks
  Tacitus neigt nur gelegentlich zu *abundantia dicendi* – sehr viel öfter bekommt man den Eindruck, dass er kaum einmal ein überflüssiges Wort verwendet. Seine Werke sind in einer unglaublichen »Dichte« geschrieben: Kennzeichnend dafür ist eine teilweise geradezu extreme *brevitas* (Kürze), z. B. durch viele Ellipsen und das Weglassen von Konnektoren. Hinzu kommt eine Vorliebe für kurze Sätze, abstrakte Ausdrucksweise und eingestreute Sentenzen, was ebenfalls für Prägnanz sorgt.

- »Hinterlastigkeit« bzw. **Technik der »verengenden Vertiefung«**
  Eine Spezialität des Tacitus – hierin ist er einzigartig unter den großen lateinischen Schriftstellern – ist es, an relativ kurze, eigentlich abgeschlossene Sätze unerwartet und überraschend noch einen oder sogar mehrere Nachträge zu hängen. In diesen vermeintlichen Anhängseln findet sich dann oft die eigentlich wichtigste Information verborgen.

- **Prätentiöse Hintergründigkeit**
  Es drängt sich mitunter der Eindruck auf, dass Tacitus gar nicht für jeden Leser verständlich schreiben will. Seine Sprache wirkt oftmals bewusst hintergründig und teilweise rätselhaft, sodass man als Leser dann tatsächlich nur erahnen kann, was gemeint ist. Diesem nach außen gerichteten Anspruch (Prätention) seiner Texte liegt häufig eine düstere und pessimistische Grundhaltung zugrunde – Tacitus schreibt über (aus seiner Sicht) moralisch pervertierte Zeiten und dramatische Zustände; vor diesem Hintergrund scheint es zu passen, den Leser durch eine gewählte, unübliche Audrucksweise gedanklich ins Stolpern zu bringen und einen glatten, leichten Lesefluss zu verhindern.

- **Suggestion und Leserlenkung**
  Tacitus ist bekannt für sein selbst vorgebrachtes Motto, Geschichte *sine ira et studio* (»ohne Zorn und Parteinahme«) zu schreiben. Das bedeutet aber gerade nicht, dass er stets objektiv ist. Andeutungen, Gerüchte und selektive Informationsvergabe spielen in seinen Werken eine wichtige Rolle. Auf diese Weise lenkt Tacitus die Meinung des Lesers, ohne explizit die Verantwortung dafür zu übernehmen.

- **Schwarz-Weiß-Malerei**
  Anders als bei modernen historischen Abhandlungen fehlen bei Tacitus nahezu durchgängig differenzierende Abwägungen. Gut und Böse sind in der Regel klar erkennbar, was die Darstellung insgesamt mitunter holzschnittartig wirken lässt. Dem Leser wird das durch zahlreiche wertende Begriffe sowie eine stark kontrastive Ausdrucksweise verdeutlicht, sodass man oft vor einer genauen Übersetzung schon weiß, welchen Eindruck Tacitus erzeugen will.

- **Weitere sprachliche Besonderheiten**
  - Tacitus verwendet in lebhafter Schilderung gern historische Infinitive statt finiter Verbformen, wodurch der Vorgang/die Sache stärker betont wird als die handelnde Person.
  - Aus rhythmischen Gründen finden sich häufig kürzere Perfektformen (z. B. in der 3. Pers. Pl.: -$ēre$ statt -$ērunt$).
  - Für den Akkusativ Plural der 3. Deklination verwendet Tacitus oft -$īs$ statt -$ēs$.
  - Bei Komposita findet oft keine Angleichung des Silbenauslauts an den folgenden Konsonanten statt (z. B. *ad-rogantia* statt *ar-rogantia*, *in-lustris* statt *il-lustris*). Achtung: Das erschwert mitunter das Auffinden der Vokabel im Wörterbuch!
  - Nach den Subjunktionen *quamquam* (obwohl) und *ubi* (sobald) steht bei Tacitus gelegentlich ein Konjunktiv, der aber keine Bedeutung für die deutsche Übersetzung hat.
  - Adverbien oder Präpositionalausdrücke werden mitunter wie ein Attribut verwendet (z. B. *sub Nerone tempora* = »die Zeiten unter Nero«).

Das Proöm: Ende einer düsteren Zeit

1. Biographie – eine in Verruf gekommene Gattung (Tac. Agr. 1; dt. Paraphrase)

Zu Beginn seines Werks legt Tacitus dar, wieso es gegenwärtig problematisch ist, Biographien über berühmte Männer zu schreiben:

(1) Clarorum virorum facta moresque posteris tradere, antiquitus usitatum, ne nostris quidem temporibus quamquam incuriosa suorum aetas omisit, quotiens magna aliqua ac nobilis virtus vicit ac supergressa est vitium parvis magnisque civitatibus commune, ignorantiam recti et invidiam.

(2) Sed apud priores ut agere digna memoratu pronum magisque in aperto erat, ita celeberrimus quisque ingenio ad prodendam virtutis memoriam sine gratia aut ambitione bonae tantum conscientiae pretio ducebantur.

(3) Ac plerique suam ipsi vitam narrare fiduciam potius morum quam adrogantiam arbitrati sunt, nec id Rutilio et Scauro citra fidem aut obtrectationi fuit: adeo virtutes isdem temporibus optime aestimantur, quibus facillime gignuntur.

(4) At nunc narraturo mihi vitam defuncti hominis venia opus fuit, quam non petissem incusaturus: tam saeva et infesta virtutibus tempora.

(1) Es ist seit Urzeiten Brauch, dass man die Taten von berühmten Männern für die Nachwelt festhält. Selbst unser Zeitalter, das eigentlich wenig übrighat für seine eigenen Menschen, hat es so gemacht – zumindest wenn es eine bedeutende Persönlichkeit schaffte, Neid und Ignoranz ihrer Mitbürger zu überwinden.

(2) Früher war es allerdings leichter, Erinnerungswürdiges zu leisten – und ein Schriftsteller, der diese Tatkraft rühmen wollte, tat dies nicht aus Opportunismus oder Kalkül, sondern aus innerer Überzeugung.

(3) Selbst wenn man, wie Rutilius oder Scaurus (→ *Namensverzeichnis*), seine eigene Autobiographie schrieb, galt dies nicht als Zeichen von Überheblichkeit, sondern von charakterlicher Stärke – in dieser Zeit, in der Verdienste leichter erworben werden konnten, wurden sie auch mehr wertgeschätzt.

(4) Heute muss ich mich sogar rechtfertigen, wenn ich über einen Verstorbenen schreiben möchte, was unnötig wäre, wenn ich ihn attackieren wollte – so ablehnend geht man heutzutage mit großen Leistungen um.

1. Der Titel von Tacitus' Schrift lautete vermutlich: *De vita Iulii Agricolae liber* (»Buch über das Leben des Iulius Agricola«). Lesen Sie die deutsche Paraphrase und beschreiben Sie, inwiefern das Eröffnungskapitel diesem Titel inhaltlich gerecht wird.
2. Fassen Sie in eigenen Worten zusammen, weshalb es laut Tacitus problematisch ist, zum aktuellen Zeitpunkt Biographien zu verfassen.
3. Ein Kernbegriff des *Agricola* ist *virtus* (bzw. im Plural: *virtutes*) – er taucht schon im ersten Kapitel viermal auf. Arbeiten Sie jeweils die deutsche Wiedergabe in der Paraphrase heraus und legen Sie auf dieser Basis das Gerüst eines Wortnetzes zum Thema *virtus* an, das Sie im Verlauf der Lektüre des *Agricola* nach und nach erweitern.
4. Tacitus ist berühmt (und berüchtigt) für seine abstrakte, hintergründige und teilweise auch rätselhafte Ausdrucksweise. Weisen Sie das an mindestens drei Stellen im lateinischen Text nach.
5. Die deutsche Textfassung ist keine exakte Übersetzung, sondern eine Paraphrase. Vergleichen Sie diese mit dem Original, indem Sie folgende Wendungen des deutschen Texts zunächst im Lateinischen identifizieren und anschließend (ggf. mit Hilfsmitteln) möglichst wörtlich übersetzen:
§ 1: »… unser Zeitalter, das eigentlich wenig übrighat für seine eigenen Menschen«
§ 2: »… nicht aus Opportunismus oder Kalkül, sondern aus innerer Überzeugung«
§ 3: »… galt dies nicht als Zeichen von Überheblichkeit, sondern von charakterlicher Stärke«
§ 4: »… was unnötig wäre, wenn ich ihn attackieren wollte«
6. Lesen Sie die untenstehenden Ausführungen und weisen Sie eine weitere Inkonzinnität am Beginn von § 2 nach.

S Inkonzinnität

Zu Tacitus' Vorlieben gehört es, immer wieder inkonzinne Konstruktionen in seine Texte einzubauen. Inkonzinnität bedeutet, dass ein Autor absichtlich einen parallelen, gleichmäßigen Satzbau vermeidet und stattdessen zu syntaktisch auffälligen Variationen greift. Durch einen solchen abrupten Konstruktionswechsel wird der Lesefluss gestoppt; der Leser muss sich stark konzentrieren und durch genaues Hinschauen den Textsinn langsam entschlüsseln.

Hier im Text fällt z. B. eine Passage aus § 3 auf: *(…) nec id Rutilio et Scauro citra fidem aut obtrectationi fuit* – hier steht ein Präpositionalausdruck *(citra fidem)* neben einem finalen Dativ *(obtrectationi)*. Im Deutschen ist eine genaue Wiedergabe dieser Inkonzinnität oft schwierig, sie könnte hier etwas holprig ungefähr so lauten: »(…) und dies geschah für Rutilius und Scaurus weder ohne Glaubwürdigkeitsverlust noch gereichte es ihnen zum Vorwurf«.

2. Das Ausmaß geistiger Unterdrückung (Tac. Agr. 2: A; dt. Übersetzung)

In düsteren Farben schildert Tacitus im Anschluss die Schrecknisse, die er und andere in der jüngsten Vergangenheit auszustehen hatten:

(1) Legimus, cum Aruleno Rustico Paetus Thrasea, Herennio Senecioni Priscus Helvidius laudati essent, capitale fuisse, neque in ipsos modo auctores, sed in libros quo-
5 que eorum saevitum, delegato triumviris ministerio, ut monumenta clarissimorum ingeniorum in comitio ac foro urerentur.

(1) Wir lesen in der Literatur, dass Arulenus Rusticus und Herennius Senecio, als sie Paetus Thrasea bzw. Priscus Heldivius (→ *Namensverzeichnis*) in einer Biographie rühmten, zum Tode verurteilt wurden, und dass nicht nur gegen die Autoren selbst, sondern auch gegen ihre Bücher gewütet wurde – einem Dreimännerkollegium wurde der Auftrag gegeben, diese Denkmäler von hochberühmten Geistesgrößen auf dem Comitium *(Platz, wo früher Volksversammlungen und Wahlen stattfanden)* und dem Forum zu verbrennen.

(2) Scilicet¹ illo igne

vocem populi Romani

10 et libertatem senatus

et conscientiam generis humani

aboleri² arbitrabantur,

expulsis insuper³ sapientiae professoribus⁴ atque omni bona arte⁵ in exilium acta,

15 ne quid usquam⁶ honestum occurreret.

(3) Dedimus profecto⁷ grande patientiae documentum⁸; et sicut vetus aetas vidit,

quid ultimum in libertate esset,

ita nos <vidimus>,

20 quid <ultimum> in servitute <esset>,

adempto⁹ per inquisitiones¹⁰ etiam loquendi audiendique commercio¹¹.

Memoriam quoque ipsam cum voce perdidissemus,

si tam in nostra potestate esset¹² oblivisci quam tacere.

1 scīlicet: natürlich, freilich *(ironisch gemeint)*
2 abolēre: vernichten, unterdrücken – **3 īnsuper:** darüber hinaus – **4 sapientiae professor:** Philosoph *(wörtl.: »Lehrer der Weisheit«)* – **5 ars,** artis *f.: (hier:)* Handlungsweise, Eigenschaft – **6 ūsquam:** irgendwo
7 profectō: wirklich, in der Tat – **8 documentum,** ī *n.:* Beweis, Zeugnis

9 adimō, adēmī, ademptum: wegnehmen – **10 inquīsītiō,** ōnis *f.:* Überwachung – **11 commercium,** ī *n.:* Austausch
12 in nostrā potestāte esse: in unserer Macht stehen

Abl. abs., Gerundium, Konditionalsatz (Irrealis) – īgnis, vōx, lībertās, honestus, vetus, memoria, (ali)quid

1 Stellen Sie aus dem Text zusammen, welche Absichten und Ziele Tacitus den früheren Machthabern unterstellt (lat. Belege). Wurden sie erreicht?
2 Arbeiten Sie heraus, wie Tacitus selbst diese turbulenten Zeiten überstanden hat. Beurteilen Sie sein Verhalten.
3 Im Zentrum dieses Kapitels steht der Aspekt der Freiheit *(libertas)*. Doch was bedeuten ›Freiheit‹ und ›Sklaverei‹ in diesem Kontext? Erklären Sie unter Bezugnahme auf die folgende Doppelseite, wie folgende Wendungen zu verstehen sind:
   – *libertatem senatus aboleri* (§ 2)
   – *sicut vetus aetas vidit, quid ultimum in libertate esset, ita nos quid in servitute* (§ 3)
4 Untersuchen Sie die Ausdrucksweise in diesem Kapitel: Weisen Sie nach, dass Tacitus nicht differenzierend informiert, sondern verallgemeinert, zuspitzt und übertreibt (lat. Belege). Welche Informationen werden gar nicht genannt?
5 Recherchieren Sie, in welchen anderen Zeiten und Situationen der Weltgeschichte es zu Bücherverbrennungen kam. Gibt es Parallelen?
6 Lesen Sie die untenstehenden Ausführungen. Finden Sie im obigen Text mindestens drei nachgestellte Ablativi absoluti und erläutern Sie, welche wichtigen oder ggf. unerwarteten Informationen in ihnen verpackt sind.

S Ablativus absolutus bei Tacitus

Tacitus verwendet den Ablativus absolutus häufig; er ermöglicht ihm, auf engstem Raum möglichst viel mitzuteilen und zugleich den Leser zu zwingen, selbst das logische Verhältnis (temporal, kausal, modal, konditional, konzessiv?) zum Rest des Satzes herzustellen. Auffällig ist, dass er diese Konstruktion oft an das Ende von eigentlich schon abgeschlossenen Sätzen stellt und dass diese ›Anhängsel‹ nicht selten erst die besonders wichtigen oder interessanten Informationen enthalten. So überrascht Tacitus den Leser oft.

K Philosophenvertreibungen aus Rom

Nicht nur Domitian (wohl 88/89 und 93 n. Chr.), sondern auch andere Kaiser griffen zu dem Mittel, durch ein formelles Edikt alle Philosophen aus Rom und Italien auszuweisen, um sich unliebsamer Kritiker zu entledigen. Bereits aus der Zeit der Republik (161 v. Chr.) ist ein Senatsbeschluss zur Ausweisung aller (griechischen) Philosophen und Rhetoren bekannt.

3. Senat und *libertas*

Bedeutung des römischen Senats

In der römischen Republik, die auf die Zeit des Königtums folgte, bestand eine bewusste Trennung der Zuständigkeitsbereiche: Die Macht war aufgeteilt zwischen Magistraten (Amtsträgern, z. B. Konsuln), Senat und Volk. Spätestens jedoch seit den Punischen Kriegen, in denen das Römische Reich mit dem Sieg über Karthago (146 v. Chr.) zur beherrschenden Kraft im Mittelmeerraum aufstieg, nahm der Senat die dominierende Rolle im politischen Alltag ein.

Eigentlich handelte es sich beim Senat nur um eine Versammlung ehemaliger Magistrate (daher lat. *senatus* ≈ dt. ›Ältestenrat‹, vgl. lat. *senex* = Greis, alter Mann), die nach absolvierter Amtszeit automatisch einen Sitz in diesem Gremium erhielten. Ihre Anzahl variierte von ca. 100 Senatoren in der frühen Republik bis über 900 Senatoren zur Zeit Cäsars. Als Senator genoss man hohes Ansehen und einige Privilegien, zum Beispiel bekam man bessere Sitze im Theater und durfte einen markanten Purpurstreifen auf der Kleidung sowie einen goldenen Siegelring tragen.

Im Senat wurden jedoch alle wichtigen politischen Fragen (Außenpolitik, Gesetzgebung, Staatsfinanzen, Ämterbesetzungen etc.) von der versammelten militärischen, politischen und sozialen Elite (lat. *nobilitas*) diskutiert und de facto entschieden. Heutige

Haupt-Sitzungsgebäude des röm. Senats: die *Curia Iulia* auf dem Forum Romanum (mehrfach rekonstruiert, zuletzt in den 30er-Jahren des 20. Jh.)

Historiker halten das römische Staatswesen der Republik deshalb für eine faktische Aristokratie. Aufgrund seines langen Bestehens und seiner Autorität galt der Senat den meisten Römern als unantastbarer Hort von Sitte und Tradition (lat. *mos maiorum*).

Bedeutungsverlust in der späten Republik

In der Spätphase der römischen Republik im 1. Jh. v. Chr. verlor der Senat an Geltung. Das lag vor allem am Aufstieg ehrgeiziger Einzelpersonen, deren politische Ambitionen der etablierten Führungsriege ein Dorn im Auge waren – weil sie im Senat daher keinen Rückhalt fanden, nutzten diese Leute zunehmend die Volksversammlung zur Durchsetzung ihrer Interessen. Auf diese Weise entstanden zwei politisch konträr eingestellte Gruppierungen: die *Popularen* (›Volksfreunde‹, d. h. sich auf den vermeintlichen Willen des Volkes berufend) und die *Optimaten* (die ›Besten‹, d. h. die konservative Senatsaristokratie). Insbesondere Cäsar, Antonius und Octavian lassen sich den Popularen zurechnen: Sie setzten sich zwar für die Belange des Volkes ein, trugen aber auch durch ihr rücksichtsloses, auf den eigenen Machtausbau ausgerichtetes Vorgehen entscheidend zum Bedeutungsverlust des Senats bei.

Begründung des Prinzipats: Formelle Aufwertung des Senats

Nachdem Octavian 31 v. Chr. in der Schlacht von Actium endgültig über seine Widersacher triumphiert und die Zeit der Bürgerkriege damit beendet hatte, machte er sich an eine völlige Neuordnung des römischen Staatswesens. Offiziell widmete er sich der Wiederherstellung der Republik – und erhielt dafür 27 v. Chr. den Ehrennamen Augustus –, faktisch aber errichtete Octavian eine Art Monarchie. Nach außen hin aber gab er sich lediglich als *princeps* (›Erster‹) im Staat und sorgte dafür, dass der Senat viel seiner eingebüßten Würde und Wertschätzung zurückerhielt, etwa indem er die Anzahl der Senatoren wieder reduzierte und so die Exklusivität des Gremiums steigerte. Diese Vorgehensweise offenbarte viel Kalkül: Octavian wusste, dass er den Rückhalt der politischen Elite Roms zum Machterhalt brauchte; er benötigte immerhin möglichst loyale Amts- und Funktionsträger, die sich um die Verwaltung und die Regierungsgeschäfte des riesigen Reiches kümmerten. Praktisch aber konnte der Senat fortan keine Entscheidungen von größerer Tragweite (z. B. Kriege) mehr treffen.

Senatoren in der Kaiserzeit

Nicht alle Kaiser agierten so senatsfreundlich wie Augustus. Zwar gestatteten auch einige andere dem Senat eine gewisse Handlungsfreiheit sowie ein zumindest formell hohes Ansehen, doch viele machten den Senatoren auch mehr oder weniger unverhohlen deutlich, wer jetzt das Sagen hatte.

Dabei ging es den Senatoren nicht vorrangig um tatsächliche Macht oder Entscheidungsgewalt – sie wussten, dass der Kaiser wichtige Fragen ohne sie entschied und dass etwa dessen Beliebtheit beim Militär weitaus bedeutsamer war –, sondern vielmehr um das Selbstbild des Senats. Entscheidend dafür war, ob dem Senat als Institution sowie auch den einzelnen Senatoren ausreichend Freiheit *(libertas)* gewährt wurde. Darunter verstand die Senatsaristokratie eine zumindest in weiten Teilen bewahrte Kollektivherrschaft der Elite, ohne dass ein Individuum zu sehr dominierte, sowie Rede- und Meinungsfreiheit ohne Furcht vor Repressalien – ein solches Auftreten galt als wichtiger Teil der von Männern geforderten *virtus* im öffentlichen Leben. War dies nicht gegeben, empfanden Mitglieder der Nobilität ihre Lage als eine Form von Sklaverei *(servitus)*. Sie mussten dabei allerdings aufpassen, dies öffentlich nicht zu sehr zu beklagen oder sogar offen eine Rückkehr zu republikanischen Verhältnissen anzustreben – einige römische Kaiser waren nicht zimperlich dabei, Verbannungen oder Todesurteile auszusprechen.

4. Das Ende der Schweigsamkeit (Tac. Agr. 3; dt. Paraphrase)

Die bittere Vergangenheit ist zwar einer glücklichen Gegenwart gewichen – aber weder sind alle Wunden verheilt noch lässt sich alles wiedergutmachen:

(1) Nunc demum redit animus; et quamquam primo statim beatissimi saeculi ortu Nerva Caesar res olim dissociabilīs miscuerit, principatum ac libertatem, augeatque
5 cotidie felicitatem temporum Nerva Traianus, nec spem modo ac votum securitas publica, sed ipsius voti fiduciam ac robur adsumpserit, naturā tamen infirmitatis humanae tardiora sunt remedia quam mala;
10 et ut corpora nostra lente augescunt, cito extinguuntur, sic ingenia studiaque oppresseris facilius quam revocaveris. subit quippe etiam ipsius inertiae dulcedo, et invisa primo desidia postremo amatur.

15 (2) Quid, si per quindecim annos, grande mortalis aevi spatium, multi fortuitis casibus, promptissimus quisque saevitiā principis interciderunt? pauci et, ut ita dixerim, non modo aliorum sed etiam nostri super-
20 stites sumus, exemptis e media vita tot annis, quibus iuvenes ad senectutem, senes prope ad ipsos exactae aetatis terminos per silentium venimus.

(3) Non tamen pigebit vel incondita ac rudi
25 voce memoriam prioris servitutis ac testimonium praesentium bonorum composuisse. Hic interim liber honori Agricolae soceri mei destinatus, professione pietatis aut laudatus erit aut excusatus.

(1) Jetzt ist unser Mut wieder da: Schon Kaiser Nerva brachte »Prinzipat« und »Freiheit« gleich zu Beginn seiner Regierung wieder in Einklang, sein Nachfolger Trajan sorgt für täglich wachsendes Glück und öffentliche Sicherheit. Aber: Heilmittel wirken langsamer als Krankheiten, der Körper wächst langsamer, als es ihn dahinrafft – genauso zerstört man Talent und geistige Leistungen einfacher, als dass man sie wieder zum Leben erweckt. Dazu kommt noch, dass man eine gewisse Trägheit mit der Zeit schätzen lernt – Nichtstun wird erst verteufelt, aber bald genossen.

(2) Was passiert da erst, wenn im Verlauf von 15 langen Jahren viele vom Schicksal, die Entschlossensten aber vom Kaiser getötet werden? Nur noch wenige sind wir, die wir nicht nur die anderen, sondern sozusagen auch uns selbst überlebt haben – so viele Jahre wurden uns geklaut, in denen wir in Schweigsamkeit alt geworden sind.

(3) Und doch will ich mich später einmal mit meinen bescheidenen Mitteln daranmachen, die frühere Sklaverei und die glückliche Gegenwart schriftlich festzuhalten. Das vorliegende Buch unterdessen ist meinem Schwiegervater Agricola gewidmet, als Bekenntnis meiner Liebe zu ihm.

1. Lesen Sie die deutsche Paraphrase und arbeiten Sie heraus, welche Folgen das Prinzipat Domitians auch in der glücklicheren Gegenwart noch hat.
2. Entnehmen Sie dem lateinischen Text, wie Tacitus die Regierungszeit von Nerva und Trajan charakterisiert.
3. Erklären Sie, was Tacitus mit der markanten Wendung *nostri superstites sumus* (§ 2) meint.
4. Einige Formulierungen im lateinischen Original tauchen in der Paraphrase gar nicht oder abgeändert auf. Ergänzen bzw. präzisieren Sie die deutsche Wiedergabe an den folgenden vier lateinischen Textstellen:
   § 1: res olim dissociabilīs
   § 1: naturā tamen infirmitatis humanae
   § 2: saevitiā principis
   § 3: aut laudatus erit aut excusatus
5. Tacitus behauptet, er könne nur *incondita ac rudi voce* (»in kunstloser und plumper Sprache«, § 3) schreiben. Widerlegen Sie diese vorgebliche Bescheidenheit, indem Sie auffällige stilistische Mittel in den ersten drei Kapiteln nachweisen (→ Stilmittelverzeichnis).
6. Stellen Sie – auch auf Basis der beiden vorhergehenden Kapitel – Vermutungen darüber an, warum Tacitus das beabsichtigte Projekt einer historischen Abhandlung über Vergangenheit und Gegenwart (§ 3) vorerst zugunsten des *Agricola* aufschiebt.
7. Erläutern Sie mithilfe der abgebildeten römischen Münze sowie der folgenden Doppelseite, inwiefern Tacitus' Darstellung im obigen Kapitel in engem Zusammenhang mit der zeitgenössischen Propaganda steht.

Sesterz (97 n. Chr.): Auf der Vorderseite der lorbeerbekränzte Kaiser Nerva (Imperator Nerva Caesar Augustus), auf der Rückseite die personifizierte Freiheitsgöttin mit Szepter in der linken Hand und Filzkappe in der rechten (freigelassene Sklaven bekamen zum Zeichen ihrer neugewonnenen Freiheit eine Art Filzhut geschenkt) sowie der Inschrift LIBERTAS PUBLICA (© bpk/Münzkabinett, SMB)

5. Die hohe Kaiserzeit: Domitian vs. Nerva/Trajan

Die folgende Zeittafel zeigt alle römischen Kaiser bis zur Zeit des Tacitus (ca. 58–120 n. Chr.):

27 v. Chr. – 14 n. Chr.	Augustus
14–37	Tiberius
37–41	Caligula
41–54	Claudius
54–68	Nero
68/69	Galba – Otho – Vitellius *(Bürgerkrieg)*
69–79	Vespasian
79–81	Titus
81–96	Domitian
96–98	Nerva
98–117	Trajan
117–138	Hadrian

Domitian – grausamer Tyrann oder fähiger Herrscher?

Marmorbüste des Domitian, Kapitolinische Museen, Rom

Im September des Jahres 96 n. Chr. wird Kaiser Domitian nach 15 Jahren an der Herrschaft infolge einer Palastverschwörung, deren Hintergründe nicht mehr genau zu klären sind, heimtückisch ermordet. Heutige Forscher sehen in ihm einen recht kompetenten, militärisch und verwaltungstechnisch umsichtigen sowie künstlerisch interessierten Herrscher, der allenfalls einige autoritäre Züge trug. Für antike Historiker wie Tacitus hingegen war Domitian ein grausamer Tyrann und geradezu Inbegriff des Bösen.

Wie lässt sich dieser Unterschied erklären? Zum einen ist entscheidend, dass Tacitus ein Vertreter einer senatorischen Geschichtsschreibung ist, d. h. er schildert die römische Geschichte aus dem speziellen Blickwinkel des Senats. Domitian wiederum war ein Kaiser, der auf die Meinung des Senats nicht viel gab: Er konsultierte ihn nur selten, hatte eigene, teilweise nicht einmal der Nobilität angehörige Berater und nahm sich später sogar das Recht heraus, Senatoren umstandslos zu ernennen und abzuberufen. Insofern überrascht es nicht, dass er bei Tacitus und seinen Standesgenossen durchweg negativ dargestellt wird. Zum anderen kommt aber hinzu, dass das Domitianbild in der Antike geradezu offiziell, d. h. von oben vorgegeben wurde. Denn die Nachfolger Domitians auf dem Kaiserthron – zunächst der alte, kinderlose Senator M. Cocceius Nerva und nach dessen baldigem Tod der von Nerva als Mitkaiser und Erbe adoptierte M. Ulpius Traianus, ein militärisch erfolgreicher Statthalter in Germanien – legten großen Wert darauf, sich von Domitian und seiner Vorgehensweise zu distanzieren.

Die Propaganda Nervas und Trajans

Nerva und Trajan stellen sich und ihre Herrschaft frühzeitig und konsequent als diametralen Gegensatz zu Domitian und dem alten Regime dar: Vorher, so lautete ihre Propaganda, seien die Römer Sklaven des Herrschers gewesen, jetzt seien alle wieder freie Mitbürger; vorher sei der *princeps* verschlagen und heimtückisch gewesen, jetzt gehe es wieder offen, ehrlich und gesetzestreu zu; früher habe es unter Domitian nur militärische Niederlagen und unehrenhafte Rückzüge gegeben, jetzt unter Trajan wieder großartige Siege und Eroberungen. Den sichtbarsten Ausdruck fanden diese Botschaften durch eine unmittelbar nach Domitians Tod vom Senat verhängte *damnatio memoriae* (etwa »Verfluchung des Andenkens«), wobei der in der Antike verwendete Begriff *abolitio nominis* (»Tilgung des Namens«) eigentlich präziser ist: Wie schon Jahre zuvor bei den Kaisern Caligula und Nero wurde der Name Domitians auf allen offiziellen Inschriften und Schriftstücken ausgelöscht, Bildnisse und Statuen von ihm wurden zerstört, die Nennung seines Namens wurde künftig gemieden und er wurde als Tyrann denunziert.

Nerva, Rom, Nationalmuseum (© akg/Bildarchiv Steffens)

Beweggründe und literarische Ausschmückung

Trajan, München

Nerva und Trajan gingen auch deshalb so rigoros vor, weil die politische Gemengelage unmittelbar nach Domitians Ermordung unsicher, instabil und gefährlich war: Teile des mächtigen Militärapparats, zu dem Domitian immer ein gutes Verhältnis unterhalten hatte, blieben loyal zum alten Regime. Viele, die gegen Domitian opponiert hatten und dafür bestraft wurden, wollten Rache, andere, die (auch nur vermeintlich) kollaboriert hatten, wurden geradezu gejagt. Angesichts dieser großen Unsicherheiten war es für Nerva und Trajan wichtig, ihre Herrschaft sofort und für alle erkennbar als umfassenden Neubeginn für alle Römer zu inszenieren. Bei dieser politisch-gesellschaftlichen Neuordnung waren sie darauf angewiesen, dass auch Schriftsteller und Literaten für die Verbreitung und Ausschmückung ihres Programms sorgten. Nicht zufällig ist vielen Werken der bekanntesten Autoren dieser Zeit – z. B. des Epigrammdichters Martial, des Satirikers Iuvenal, des Briefschreibers Plinius und eben des Tacitus – gemeinsam, dass in ihnen die Zeit Domitians als Tyrannei verurteilt wird, die durch ein neues goldenes Zeitalter unter Nerva und besonders Trajan abgelöst wurde.

1 Tacitus vermeidet ganz in Einklang mit der neuen Ideologie die Nennung Domitians in weiten Teilen seines Werks. Gehen Sie die drei Eröffnungskapitel durch und identifizieren Sie die Passagen, wo der Name Domitian eigentlich stehen müsste.

Agricolas Aufstieg

6. Gnaeus Iulius Agricola (Tac. Agr. 4: A/B)

Tacitus leitet über zum eigentlichen Thema seiner Schrift und stellt den Titelhelden vor:

(1) Gnaeus Iulius Agricola,
vetere et inlustri Foroiuliensium colonia[1] ortus,
utrumque avum procuratorem Caesarum[2] habuit,
quae equestris nobilitas est[3].
5 Pater illi[4] Iulius Graecinus, senatorii ordinis,
studio eloquentiae sapientiaeque notus,
iisque ipsis virtutibus iram Gai Caesaris[5] meritus[6]:
namque Marcum Silanum[7] accusare iussus
et, quia abnuerat[8], interfectus est.
10 (2) Mater Iulia Procilla fuit, rarae castitatis.
In huius sinu indulgentiaque[9] educatus
per[10] omnem honestarum artium cultum
pueritiam adulescentiamque transegit[10].
Arcebat[11] eum ab inlecebris peccantium[12]
15 – praeter ipsius bonam integramque naturam –,
quod statim parvulus[13] sedem ac magistram studiorum Massiliam[14] habuit, locum Graeca comitate et
provinciali parsimonia[15] mixtum ac bene compositum.
(3) Memoria teneo[16] solitum ipsum narrare se prima
20 in iuventa studium philosophiae acrius (ultra quam
concessum[17] Romano ac senatori) hausisse[18], ni
prudentia matris incensum ac flagrantem animum
coercuisset[19]. Scilicet[20] sublime et erectum[21] ingenium
pulchritudinem ac speciem[22] magnae excelsaeque
25 gloriae vehementius quam caute[23] adpetebat.
Mox mitigavit[24] ratio et aetas, retinuitque – quod est
difficillimum – ex sapientia modum.

1 **colōnia Forōiūliēnsium:** Forum Iulii *(röm. Stadt in Südfrankreich, heute Fréjus)* – 2 **prōcūrātor Caesārum:** *etwa:* kaiserlicher Steuerverwalter – 3 **quae equestris nōbilitās est:** das heißt, sie waren von ritterlichem Adel – 4 **Pater illī** <erat>: sein Vater war – 5 **Gaius Caesar:** *gemeint ist* Kaiser Caligula – 6 **merērī,** mereor, meritus sum: sich verdienen, zuziehen – 7 **Mārcus Sīlānus:** → Namensverzeichnis – 8 **abnuere,** -nuō, -nuī: zurückweisen, ablehnen

9 **indulgentia,** ae: Güte, Zärtlichkeit – 10 **trānsigere per** + *Akk.*: *(eine Zeit)* verbringen mit *etw.* – 11 **arcēbat eum..., quod:** es hielt ihn ab ..., dass – 12 **inlecebra peccantium:** lasterhafte Verlockungen – 13 **parvulus,** ī: kleiner Junge – 14 **Massilia:** Marseille *(einst von Griechen gegründete Stadt in Südfrankreich)* – 15 **parsimōnia,** ae: Sparsamkeit, Schlichtheit

16 **memoriā tenēre** + *AcI*: sich erinnern, dass – 17 **ultrā quam concessum:** mehr als eigentlich erlaubt – 18 **hausisse:** *(Inf. Perf. von* haurīre = *etw. verschlingen; eifrig betreiben):* hier irreal: dass er... eifrig betrieben hätte – 19 **coercēre,** coerceō, coercuī, coercitum: bändigen, zügeln – 20 **scilicet:** nämlich, in der Tat – 21 **ērēctus,** a, um: erhaben, stolz, nach Höherem strebend – 22 **speciēs,** ēī *f.*: Abbild, Ideal – 23 **cautē:** vorsichtig – 24 **mītigāre:** (be)sänftigen

Partizip, Gen. qual., AcI, Irrealis – uterque, ōrdō, studium, sapientia, sinus, honestus, nātūra, ingenium, quod

1 *Vor der Übersetzung:* Definieren Sie kurz, welche Angaben Sie direkt zu Beginn einer Biographie erwarten.
2 Kategorisieren Sie die Informationen über Agricola – zu welchen Punkten bzw. Themen macht Tacitus Angaben?
3 Tacitus charakterisiert den jungen Agricola indirekt über dessen Vorfahren bzw. Lebensumstände. Arbeiten Sie aus dem Text möglichst viele familiäre und lokale Einflüsse heraus, die Agricolas Wesen kennzeichnen.
4 a) Erklären Sie, wieso Agricolas großes Interesse für Philosophie eine Gefahr sein konnte (s. u.).
   b) Laut Tacitus entging Agricola dieser Gefahr durch *modus* (Mäßigung). Stellen Sie einen Zusammenhang zur Märtyrerdebatte in der Zeit des Tacitus her: Welche Absicht scheint Tacitus hier bereits zu verfolgen?

K Opposition durch Philosophie

Seit der frühen Republik war es traditionell die Aufgabe eines freien römischen Mannes, sein Leben in den Dienst des Staates zu stellen. Ob nun als Politiker, Soldat oder Anwalt vor Gericht – Wertschätzung genoss, wer zum Wohle des Gemeinwesens aktiv war. Rein geistige Tätigkeit ohne unmittelbaren Nutzen hingegen war verpönt. Dies betraf etwa Schriftsteller, vor allem aber auch Philosophen. Von den aus Griechenland im 2. Jh. v. Chr. importierten philosophischen Denkschulen beeinflusste dennoch v. a. die Stoa nachhaltig das Denken hochrangiger Kreise in Rom. Die stoische Lehre war in der Kaiserzeit als Teil der Allgemeinbildung in der Oberschicht umfassend bekannt.

Wenn weiter oben schon von mehreren Philosophenvertreibungen aus Rom die Rede war, so muss man wissen, dass zur Zeit des Tacitus die stärkste Opposition gegen das Prinzipat – und besonders gegen unbeliebte Kaiser wie Domitian – von denjenigen Senatoren gebildet wurde, die der Philosophie der Stoa zugeneigt waren. Das ist kein Zufall: Stoiker propagieren das Ideal eines vernunftgemäß, frei von Affekten und unnützen äußeren Gütern verlebten Daseins sowie eines moralisch verantwortungsvollen Handelns. Ein vermeintlich in Reichtum und Prunk lebender, zu Eitelkeit und Willkür neigender Gewaltherrscher passt nicht recht dazu. Aus dem Prinzipat des Domitian ist eine Gruppe untereinander befreundeter und der Philosophie der Stoa zugeneigter Männer bekannt (v. a. der jüngere Helvidius Priscus, Herennius Senecio sowie die Brüder Arulenus Rusticus und Iunius Mauricus), die nicht nur vehement opponierte, sondern eine Tradition der Selbstopferung zur Verteidigung von Würde und Anstand des Senatorenstandes begründete. Fast alle hatten Schriften oder Bühnenstücke verfasst, die entweder die Opfer früherer Kaiser rühmten oder im Verdacht standen, Domitian zu kritisieren bzw. zu verspotten – dafür gingen sie sehenden Auges in den Tod. Nach Domitians Sturz hingegen genossen sie als Märtyrer großes Ansehen: Ihr Mut und ihre Opferbereitschaft wurden literarisch gepriesen und verherrlicht.

7. Erste Schritte als Soldat (Tac. Agr. 5: B)

In seinem Militärdienst als junger Offizier in Britannien macht Agricola die ersten Schritte auf der Karriereleiter:

(1) Prima castrorum rudimenta[1] in Britannia Suetonio Paullino[2], diligenti ac moderato duci, adprobavit[3], electus quem contubernio aestimaret[4].

Nec Agricola licenter[5], more iuvenum, qui militiam
5 in lasciviam vertunt, neque segniter[6] ad voluptates et commeatus[7] titulum tribunatus[8] et inscitiam rettulit[9]:
sed noscere[10] provinciam,
nosci exercitui[11],
discere a peritis,
10 sequi optimos,
nihil adpetere in iactationem[12],
nihil ob formidinem recusare,
simulque et anxius et intentus agere.

(2) Non sane[13] alias[14] exercitatior magisque in ambiguo
15 Britannia fuit:
trucidati veterani \<erant\>,
incensae coloniae,
intercepti[15] exercitus;
tum de salute, mox de victoria certavere.

20 (3) Quae cuncta[16] etsi consiliis ductuque alterius agebantur, ac summa rerum[17] et recuperatae[18] provinciae gloria in ducem cessit[19], artem et usum et stimulos addidere iuveni, intravitque animum militaris gloriae cupido – \<quae\> ingrata \<erat\> temporibus, quibus[20]
25 sinistra erga eminentis interpretatio[21] \<erat\> nec minus periculum \<erat\> ex magna fama quam ex mala.

1 **castrōrum rudīmenta:** Militärdienst – 2 **Suētōnius Paullīnus:** → Namensverzeichnis – 3 **adprobāre** + *Dat.: (etwas) zu jmds. Zufriedenheit ableisten* – 4 **ēlēctus quem contuberniō aestimāret:** dieser (= *Paullinus*) hatte ihn (= *Agricola*) ausgewählt und hielt ihn seines vertrauten Umgangs für wert – 5 **licenter:** frech, zügellos – 6 **sēgniter:** träge, antriebslos – 7 **commeātus, ūs** *m.*: Urlaub – 8 **titulus tribūnātūs:** die Stellung/der Rang als Militärtribun – 9 **referre, referō, rettulī, relātum ad:** missbrauchen zu – 10 **nōscere:** hier und im Folgenden: hist. Infinitive, s. Sprachinfo (T) – 11 **(nōscī) exercituī:** Dativus auctoris, s. Sprachinfo (S) – 12 **iactātiō, ōnis** *f.*: Prahlerei

13 **sānē:** in der Tat, allerdings – 14 **aliās:** zu einer anderen Zeit – 15 **intercipere,** -cipiō, -cēpī, -ceptum: abfangen, *jmdm.* den Weg abschneiden

16 **quae cuncta:** *(rel. Satzanschluss)* diese ganzen militärischen Unternehmungen – 17 **summa rērum:** der Erfolg des ganzen Unternehmens – 18 **recuperāre:** wiedererlangen, zurückbekommen – 19 **cēdere,** cēdō, cessī, cessum **in** + *Akk.: jmdm.* zufallen, zugeschrieben werden – 20 **temporibus, quibus:** in Zeiten, in denen *(gemeint sind die späten Regierungsjahre Neros)* – 21 **sinistra ergā ēminentīs interpretātiō:** missgünstige Beurteilung von herausragenden Persönlichkeiten

Hist. Infinitiv, Partizip, Relat. Satzanschluss – dux, iuvenis, lascīvia, voluptās, perītus, simul, agere, ambiguus, alter

1 Beantworten Sie folgende Fragen: (a) Warum war Agricolas erster Einsatzort Britannien keine besonders dankbare Aufgabe? – (b) Wie verbrachte Agricola die Zeit in der Armee und welches Verhalten kennzeichnete ihn? – (c) Welche Eigenschaften und Verhaltensweise zeigten andere junge Offiziere beim Heer? – (d) Welches Verhältnis hatte Agricola zu seinem Vorgesetzten Paullinus?

2 Weisen Sie die Merkmale von *brevitas* im lateinischen Text nach.

3 Der letzte Teil von § 3 *(ingrata … mala)* ist bewusst hintergründig und nur als Andeutung formuliert. Erläutern Sie ihn mithilfe Ihres Vorwissens über Tacitus' Einstellung zum Prinzipat.

Gaius Suetonius Paullinus, Statue in Bath (England), 1894

T Brevitas

In der Kürze liegt die Würze – und die Schwierigkeit. Tacitus ist ein Meister darin, Sätze auf engstem Raum zu formulieren; eine in Teilen geradezu extreme *brevitas* (Kürze) sorgt für große Prägnanz und Kompaktheit seines Ausdrucks. *Brevitas* kommt durch mehrere stilistische Vorgehensweisen zustande:

– ELLIPSE (Auslassung, meist von Formen von *esse*)
– ASYNDETON (unverbundene Satzglieder, ohne beiordnende Konjunktionen/Konnektoren)
– HISTORISCHER INFINITIV (Infinitiv statt finitem Verb, Schilderung wirkt schneller)
– ABSTRAKTE AUSDRUCKSWEISE (Vorliebe für substantivierte Adjektive und abstrakte, d. h. nicht greifbare Nomina, sowie Weglassen von Einzelheiten und Erklärungen)
– GENERALISIERUNGEN UND SENTENZEN (allgemein gehaltene, vermeintlich universelle Gültigkeit beanspruchende Aussagen und Sinnsprüche).

S Passiv mit dem *Dativus auctoris*

Im Passiv wird der Urheber normalerweise mit *a/ab* + Ablativ angegeben, z. B.:
hostes a Romanis victi sunt – die Feinde wurden von den Römern besiegt.

Typisch für Tacitus ist hingegen, dass statt der Ablativkonstruktion ein bloßer Dativ stehen kann (sogenannter *Dativus auctoris* = »Dativ des Urhebers«):
(§ 1) *nosci exercitui* – »Er (Agricola) wurde vom Heer kennengelernt.«
(oder, etwas schöner, reflexiv: »Er machte sich beim Heer bekannt.«)

8. Beginn der politischen Karriere (Tac. Agr. 6; dt. Übersetzung)

Nach den ersten Erfahrungen als Soldat begibt sich Agricola nach Rom, um den von einem jungen Adligen erwarteten cursus honorum *zu starten:*

(1) Hinc ad capessendos magistratus in urbem degressus Domitiam Decidianam, splendidis natalibus ortam, sibi iunxit; idque matrimonium ad maiora nitenti decus ac robur fuit. vixeruntque mira concordia, per mutuam caritatem et in vicem se anteponendo, nisi quod in bona uxore tanto maior laus, quanto in mala plus culpae est.

(2) Sors quaesturae provinciam Asiam, pro consule Salvium Titianum dedit, quorum neutro corruptus est, quamquam et provincia dives ac parata peccantibus, et pro consule in omnem aviditatem pronus quantalibet facilitate redempturus esset mutuam dissimulationem mali. Auctus est ibi filia, in subsidium simul ac solacium; nam filium ante sublatum brevi amisit.

(3) Mox inter quaesturam ac tribunatum plebis atque ipsum etiam tribunatus annum quiete et otio transiit, gnarus sub Nerone temporum, quibus inertia pro sapientia fuit.

(4) Idem praeturae tenor et silentium; nec enim iurisdictio obvenerat. Ludos et inania honoris medio rationis atque abundantiae duxit, uti longe a luxuria ita famae propior. Tum electus a Galba ad dona templorum recognoscenda diligentissima conquisitione effecit, ne cuius alterius sacrilegium res publica quam Neronis sensisset.

(1) Von Britannien aus brach er nach Rom auf, um die Ämterlaufbahn zu ergreifen, und heiratete Domitia Decidiana, eine Frau aus berühmtem Geschlecht. Diese Ehe war für ihn, da er nach Höherem strebte, Auszeichnung und Stütze. Sie lebten in bewundernswerter Eintracht, wechselseitiger Liebe und gaben einander stets den Vorzug vor sich selbst – wobei natürlich umso größeres Lob einer guten Ehefrau zusteht, wieviel an einer schlechten mehr Schuld haftet.

(2) Das Los brachte ihm für die Quästur als Provinz Asien und als Prokonsul Salvius Titianus; durch keins von beiden wurde er verdorben, obwohl sowohl die Provinz reich war und zu Verfehlungen einlud als auch der Prokonsul jeder Form von Habgier zuneigte und sich mit beliebiger Leichtigkeit die wechselseitige Vertuschung von Unheil erkauft hätte. Dort wurde ihm eine Tochter geschenkt, als Rückhalt und zugleich als Trost; denn einen vorher erhaltenen Sohn verlor er schon nach kurzer Zeit.

(3) Darauf verbrachte er das Jahr zwischen Quästur und Volkstribunat sowie das Jahr des Tribunats selbst in Ruhe und Zurückhaltung – er kannte die Zeiten unter Nero, in denen Untätigkeit Klugheit war.

(4) Derselbe Verlauf und dasselbe Stillhalten kennzeichnete seine Prätur, denn er hatte kein Richteramt zugewiesen bekommen. Die Spiele und andere nichtige Repräsentationsaufgaben des Ehrenamts richtete er aus, indem er einen Mittelweg zwischen Sparsamkeit und Überfluss beschritt, sodass er weitab von Prunk und auf diese Weise einem guten Ruf näher war. Darauf wurde er von Galba zur Überprüfung der Tempelschätze gewählt und erreichte durch sehr sorgfältige Recherche, dass der Staat keinen anderen Tempelraub als den des Nero zu spüren bekam.

1. a) Suchen Sie die Karriereschritte bzw. Ämter Agricolas heraus, die im Text genannt werden.
   b) Recherchieren Sie, worin die traditionellen Aufgaben dieser Ämter lagen.
   c) Im Prinzipat wurden die Amtsträger nicht mehr vom Volk gewählt, sondern vom Kaiser oder Senat ernannt. Erklären Sie, was das für die Handlungsfähigkeit von Männern wie Agricola bedeutete.

2. Weisen Sie in § 1 jeweils eine markante (a) Sentenz, (b) abstrakte Ausdrucksweise und (c) Inkonzinnität nach (lat. Belege).

3. Informieren Sie sich unten über die taciteische ›Hinterlastigkeit‹. Bereiten Sie dann den ersten Satz von § 2 grafisch so auf, dass die sukzessive Informationsvergabe deutlich wird. Geben Sie für jeden Satzteil an, worin das jeweils Neue/Überraschende besteht.

4. Kernbegriffe in § 3–4 sind *quies*, *otium*, *inertia* und *silentium*. Sie scheinen nicht zu einem ambitionierten Menschen wie Agricola zu passen – erklären Sie, wie es Tacitus dennoch gelingt, sie dem Leser als lobenswert zu präsentieren. Wie beurteilen Sie selbst Agricolas Verhalten?

T Die »Hinterlastigkeit« des Tacitus

Zu den besonders auffälligen Merkmalen der taciteischen Sprache gehört ein Phänomen, das man als »Hinterlastigkeit« oder als Technik der »verengenden Vertiefung« beschreiben könnte. Es geht dabei um eine spezielle Art und Weise, wie Tacitus seine Informationen mitteilt: Häufig ist nämlich zu beobachten, dass er seinen Sätzen möglichst schnell eine Gestalt gibt, die als syntaktisch und inhaltlich abgeschlossen gelten könnte – nur um sie gleich darauf um unerwartete Nachträge und Anhänge zu bereichern, die eine frappierende Wirkung erzielen. Nicht selten findet sich die entscheidende, eigentliche Botschaft, um die es Tacitus wirklich geht, erst hier in solchen schrittweise entfalteten Nachträgen. Vgl. das folgende Beispiel aus den *Annalen,* dem bekannten Geschichtswerk des Tacitus (Tac. Ann. 13,1,3; es geht um den von politischen Morden geprägten Regierungsbeginn des jungen Kaisers Nero):

Nec minus properato Narcissus, Claudii libertus, de cuius iurgiis adversus Agrippinam rettuli, aspera custodia et necessitate extrema ad mortem agitur, invito principe, cuius abditis adhuc vitiis per avaritiam ac prodigentiam mire congruebat.	Nicht weniger eilig wurde Narcissus, Freigelassener des Claudius, über dessen Streitigkeiten mit Agrippina (= *Neros Mutter*) ich berichtet habe, durch strenge Haft und äußersten Mangel in den Tod getrieben – entgegen dem Willen des *princeps*, mit dessen noch verborgenen Lastern er durch seine Habgier und Verschwendung erstaunlich gut zusammenpasste.

Nach *agitur* ist der Satz eigentlich abgeschlossen – die vermeintlich lockeren Nachträge in Form eines Abl. abs. und eines davon abhängenden Relativsatzes enthalten aber die Kernbotschaften, nämlich die zunehmende Entfremdung zwischen Nero und seiner Mutter Agrippina sowie die allmähliche, im Folgenden von Tacitus vollzogene Enthüllung Neros vieler Laster.

9. Lob einer *virtus in obsequendo* (Tac. Agr. 8: A)

Nach den Bürgerkriegen des Vierkaiserjahrs (68/69 n. Chr.) und dem Tod seiner Mutter wird Agricola unter Kaiser Vespasian zum Legionskommandanten in Britannien ernannt:

(1) Praeerat tunc Britanniae Vettius Bolanus[1] placidius, quam feroci provincia dignum est.
Temperavit[2] Agricola vim suam ardoremque compescuit[3], ne incresceret[4],
5 peritus obsequi eruditusque utilia honestis miscere.

(2) Brevi deinde Britannia consularem Petillium Cerialem[5] accepit:
Habuerunt virtutes spatium exemplorum.
Sed primo Cerialis labores modo et discrimina[6],
10 mox et gloriam <cum Agricola> communicabat[7]:
saepe <Agricolam> parti exercitus in experimentum[8],
aliquando maioribus copiis ex eventu[9] praefecit.

(3) Nec Agricola umquam in suam famam gestis exultavit[10]; ad auctorem ac ducem, ut minister[11],
15 fortunam[12] referebat[13].
Ita virtute in obsequendo,
verecundia in praedicando[14]
extra invidiam nec extra gloriam erat.

1 **Vettius Bōlānus:** → Namensverzeichnis – 2 **temperāre:** mäßigen – 3 **compēscere,** compēscō, compēscuī: unterdrücken, zügeln – 4 **incrēscere:** anwachsen, sich steigern

5 **Petīllius Ceriālis:** → Namensverzeichnis – 6 **discrīmen,** inis *n.*: Risiko, Gefahr – 7 **commūnicāre:** *(etw. mit jmdm.)* teilen – 8 **in experimentum:** zur Probe – 9 **ex ēventū:** aufgrund eines Erfolgs, nach gutem Ausgang

10 **exultāre:** prahlen, angeben – 11 **minister,** trī: Untergebener, Diener – 12 **fortūna,** ae: *hier:* Glück; Erfolg – 13 **referre ad:** zurückführen auf *etw./jmdn.*, etwas *jmdm.* zuschreiben – 14 **praedicāre:** rühmen

1. Agricola erlebt bei seinem zweiten Britannienaufenthalt zwei Statthalter als Vorgesetzte. Arbeiten Sie heraus, wie beide von Tacitus charakterisiert werden.
2. Wählen Sie aus den folgenden sechs Eigenschaften diejenigen aus, die Agricola laut Tacitus auszeichnen (lat. Belege): (a) untertänig – (b) fürsorglich – (c) selbstbeherrscht – (d) angesehen – (e) einfallsreich – (f) routiniert.
3. Prägnant formuliert Tacitus für die Zeit unter Cerialis: *Habuerunt* virtutes *spatium exemplorum* (§ 2). Kurz darauf heißt es von Agricola: *Ita* virtute *in obsequendo … extra invidiam nec extra gloriam erat* (§ 3). Wählen Sie aus der Tabelle unten begründet die Ihrer Meinung nach jeweils treffendste deutsche Wiedergabe von *virtus* bzw. *virtutes* aus. Diskutieren Sie, inwieweit sich der Textsinn bei unterschiedlichen deutschen Übersetzungen verändert.
4. Diskutieren Sie auf Basis der Ausführungen zu *virtus*: Ist es in Ihren Augen möglich, *virtus in obsequendo* zu erreichen, so wie Tacitus es zum Ausdruck bringt? Oder schließt sich beides nicht eigentlich aus?

S virtus, Teil 1: Ein schwer zu greifendes Lebensideal

Es ist schwer zu fassen, was genau ein Römer unter *virtus* verstanden hat – die oftmals gelernte Bedeutung »Tapferkeit« greift zu kurz, der ebenfalls verbreitete Ausdruck »Tugend« bleibt inhaltlich vage. Von der Wortherkunft her bezeichnet *virtus* zunächst alles, was einen Mann (lat. *vir, viri* m.) in körperlicher und geistiger Hinsicht ausmacht. Was damit jeweils konkret gemeint ist, kann stark variieren; im Ganzen stellt *virtus* einen zentralen römischen Wertbegriff dar, dessen Konzept männliche Tatkraft, Kampfesmut und sittliche Vollkommenheit umfasst. Bezogen auf den *Agricola* ist das Spektrum der jeweils treffendsten deutschen Bedeutung für die Vokabel *virtus* bzw. ihren Plural *virtutes* recht breit, wie die folgende Tabelle (ohne Anspruch auf Vollständigkeit) zeigt:

VIRTUS	VIRTUTES
– Männliche/aufrechte Haltung	– Männliche Eigenschaften
– Tapferkeit/Mut	– Verdienste
– Tatkraft	– Vorzüge
– Leistung	– Fähigkeiten
– Rechtes Handeln	– Bedeutsame Leistungen
– Menschliche Größe	– Wertvolle Eigenschaften
– Große Tat	– Herausragende Persönlichkeiten
– Bedeutende Persönlichkeit	– Charakterliche Werte (›Tugenden‹)
– Charakterstärke	

In den Werken des Tacitus stellt *virtus* einen Schlüsselbegriff dar. Als Vertreter einer republikanisch gesinnten Senatsaristokratie bedeutet *virtus* für ihn und seine Standesgenossen, dass sich Mitglieder der Nobilität in Kriegs- und Friedenszeiten persönlich bewähren und auszeichnen. Immer wieder beschäftigt er sich daher mit der Frage, wie man dieses Ideal unter den Bedingungen des Prinzipats, in dem ein Mann faktisch alle anderen beherrscht, überhaupt noch erreichen kann.

10. Die vielen *virtutes* des Agricola (Tac. Agr. 9,2–5; dt. Übersetzung)

Nach seinem Legionskommando ernennt Kaiser Vespasian Agricola zum Statthalter der relativ ruhigen Provinz Aquitanien (Südwestfrankreich). Dort muss sich Agricola nun vor allem um Rechtsprechung und Verwaltungsaufgaben kümmern:

(1) Credunt plerique militaribus ingeniis subtilitatem deesse, quia castrensis iurisdictio secura et obtusior ac plura manu agens calliditatem fori non exerceat: Agricola naturali prudentia, quamvis inter togatos, facile iusteque agebat.

(2) Iam vero tempora curarum remissionumque divisa: ubi conventus ac iudicia poscerent, gravis, intentus, severus et saepius misericors: ubi officio satis factum, nulla ultra potestatis persona; tristitiam et adrogantiam et avaritiam exuerat. Nec illi, quod est rarissimum, aut facilitas auctoritatem aut severitas amorem deminuit.

(3) Integritatem atque abstinentiam in tanto viro referre iniuria virtutum fuerit. Ne famam quidem, cui saepe etiam boni indulgent, ostentanda virtute aut per artem quaesivit: procul ab aemulatione adversus collegas, procul a contentione adversus procuratores, et vincere inglorium et atteri sordidum arbitrabatur.

(4) Minus triennium in ea legatione detentus ac statim ad spem consulatus revocatus est, comitante opinione Britanniam ei provinciam dari, nullis in hoc ipsius sermonibus, sed quia par videbatur. Haud semper errat fama, aliquando et eligit.

(1) Es glauben viele, dass militärisch geprägte Köpfe kein Feingefühl haben, weil Soldatengerichte unbekümmert, oberflächlicher sowie mehr im Schnellverfahren vorgehen und die Gewandtheit des Forums nicht einüben. Agricola aber handelte infolge seiner angeborenen Klugheit, auch als er sich unter Togaträgern (= Zivilisten) befand, findig und gerecht.

(2) Zudem hielt Agricola die Zeiten von Dienstgeschäften und Erholung getrennt: Sobald es Versammlungen und Gerichtsverhandlungen erforderten, war er ernst, aufmerksam, streng und recht oft mitleidig; sobald der Pflicht Genüge getan war, trug er sein Amtsgesicht nicht länger; Gefühlskälte, Anmaßung und Habgier hatte er verschmäht. Und weder schmälerte ihm, was äußerst selten ist, seine Umgänglichkeit seine Autorität noch seine Strenge die ihm entgegengebrachte Zuneigung.

(3) Unbestechlichkeit und Uneigennützigkeit eines so bedeutenden Mannes zu erwähnen, wäre eine Beleidigung seiner charakterlichen Vorzüge. Nicht einmal einen guten Ruf, dem sich oft sogar die Rechtschaffenen hingeben, suchte er durch Zurschaustellung seiner Leistung oder durch einen Kunstgriff zu erlangen: Er hielt sich fern von Eifersucht gegenüber Kollegen, fern von Wettstreit mit Finanzverwaltern – er glaubte, darin zu gewinnen sei ruhmlos und sich darin aufzureiben sei armselig.

(4) Er war weniger als drei Jahre an diesen Auftrag gebunden und wurde dann unverzüglich mit der Aussicht auf das Konsulat zurückbeordert, wobei ihn die Meinung begleitete, dass ihm Britannien als Provinz gegeben werde, nicht weil es dazu irgendeine Aussage von ihm selbst gab, sondern weil er der Aufgabe angemessen schien. Nicht immer irrt das Gerücht, manchmal erwählt es auch.

1 Fassen Sie in eigenen Worten zusammen, wieso Agricola als römischer Statthalter offensichtlich eine Ausnahme darstellte.
2 Tacitus benutzt oft Gerüchte und nicht näher spezifiziertes Gerede der Leute als »Quelle« für seine Darstellung. Arbeiten Sie zwei Beispiele dafür aus dem lateinischen Text heraus und erklären Sie, welche Funktion diese »Quellenangaben« jeweils für die damit verbundenen Aussagen haben.
3 Im Text werden viele charakterliche Vorzüge und Laster benannt. Markieren Sie diese im lateinischen Text. Lesen Sie dann die Informationen unten und ordnen Sie möglichst alle Ihre Ergebnisse in die *virtutes-/vitia*-Tabelle ein (Anmerkung: Vermutlich wird die ganz linke Spalte zunächst leer bleiben, das dürfte sich aber ändern, wenn Sie weitere Kapitel des *Agricola* miteinbeziehen).
4 Erläutern Sie, welches Problem Tacitus hatte, wenn Eigenschaften wie »Fügsamkeit« und »Trägheit« als *vitium* gelten. Welchen Spagat muss er versuchen?

K *virtus*, Teil 2: Normatives System

Tacitus thematisiert im *Agricola* an vielen Stellen direkt und indirekt, wie man sein Leben gemäß der *virtus* (allgemein verstanden als sittliche Vollkommenheit bzw. »Tugend«) verbringen sollte – und wie nicht, d.h. welche *vitia* (Fehler/Laster) dem entgegenstehen. Virtus umfasst viele unterschiedliche Werte und Charaktereigenschaften, deren Zusammenspiel entscheidend ist. Einem wahrhaft klugen Menschen gelingt es konsequent, bestimmte Werte zu vertreten und bestimmten Lastern nicht nachzugeben. Dabei liegt unterschwellig ein normatives System zugrunde, das man folgendermaßen visualisieren könnte:

vitia	*virtutes*		*vitia*
libido seinen Gefühlsregungen energielos nachgeben → Passivität	humanitas sich zurücknehmen → eher passiv	disciplina sich durchsetzen → eher aktiv	superbia seinen Gefühlsregungen energisch nachgeben → Aktivität
	→→→ Modus/Moderatio ←←←		

Ein von *virtus* geprägtes Leben hat demgemäß zwei Seiten: eine eher passive (→ *humanitas* = »Menschlichkeit«) und eine eher aktive (→ *disciplina* = »Ordnung«). Sie müssen sich gleichsam gegenseitig die Waage halten, denn sonst gleitet man ab zu den Lastern: Nimmt man sich so sehr zurück, dass man seinen Gefühlen energielos nachgibt (→ *libido* = »Genusssucht«), schleichen sich Ausgelassenheit, Trägheit und Fügsamkeit ein. Setzt man sich dagegen so sehr durch (gegenüber anderen und sich selbst), dass man Affekten energisch Genüge tut (→ *superbia* = »Hochmut«), kommt es zu Gefühlskälte, Überheblichkeit und Geltungssucht. Wichtig ist also, durch Maßhalten *(modus/moderatio)* für einen Ausgleich zu sorgen.

Der Britannienexkurs

11. Eine ferne Insel (Tac. Agr. 10, 1–4: B/C; dt. Übersetzung)

Vor dem Beginn der langen Statthalterschaft Agricolas in Britannien unterbricht Tacitus die Erzählung des Lebens seines Schwiegervaters und wendet sich der großen, fernen Insel zu:

(1) Britanniae situm[1] populosque multis scriptoribus memoratos non in comparationem curae[2] ingeniive referam[3], sed quia <Britannia> tum primum perdomita est. Ita <ea>, quae priores nondum comperta[4]
5 eloquentia percoluere[5], rerum fide[6] tradentur.

1 **situs,** ūs *m.*: Lage, Topographie – 2 **cūra,** ae: Sorgfalt – 3 **referre,** referō, rettulī, relātum: (erneut/nochmal) darlegen, schildern – 4 **nōndum comperta:** als noch nicht bestätigte Informationen (*zu* quae) – 5 **percolere,** -colō, -coluī, -cultum: ausschmücken – 6 **rērum fidē:** wahrheitsgetreu

(2) Britannia, insularum quas Romana notitia complectitur maxima, spatio ac caelo in orientem Germaniae, in occidentem Hispaniae obtenditur, Gallis in meridiem etiam
10 inspicitur. Septentrionalia eius, nullis contra terris, vasto atque aperto mari pulsantur.

(2) Britannien, die größte aller den Römern bekannten Inseln, erstreckt sich nach Ausdehnung und Lage im Osten Richtung Germanien, im Westen Richtung Spanien, im Süden liegt Gallien im Blickfeld. Im Norden, dem kein Land mehr gegenüberliegt, ist sie dem weiten offenen Meer ausgesetzt.

(3) Formam totius Britanniae Livius veterum, Fabius Rusticus recentium eloquentissimi auctores oblongae scutulae vel bipenni
15 adsimulavere. Et est ea facies citra Caledoniam, unde et in universum fama est – transgressis inmensum et enorme spatium procurrentium extremo iam litore terrarum velut in cuneum tenuatur.

(3) Die Form Britanniens als Ganzem haben von den alten Schriftstellern Livius, von den jüngeren Fabius Rusticus (→ Namensverzeichnis) – sehr beredte Autoren – mit einer länglichen Raute oder einer Doppelaxt verglichen. Ohne Schottland ist das auch Britanniens Gestalt, deshalb ging die Meinung auf das Ganze über. Wenn man aber die unermessliche und gewaltige Weite der an der äußersten Küste weiter vorragenden Gegenden durchschritten hat, verkleinert sich die Insel wie zu einem Keil.

20 (4) Hanc oram novissimi[7] maris tunc primum Romana classis circumvecta[8] insulam esse Britanniam adfirmavit, ac simul incognitas ad id tempus insulas, quas Orcadas[9] vocant, invenit domuitque.

7 **novus,** a, um: äußerster, letzter – 8 **circumvehī,** -vehor, -vectus sum: (her)umfahren – 9 **Orcadēs,** um (*Akk.:* -**das**) *f. Pl.: Inseln vor Schottland,* die Orkneys (s. S. 39)

Dispecta est¹⁰ et Thule¹¹,
25 quia hactenus iussum¹² et hiems adpetebat.

(5) Sed mare pigrum et grave remigantibus¹³ perhibent¹⁴ ne ventis quidem perinde¹⁵ attolli¹⁶ – credo, quod rariores terrae montesque <sunt>, causa ac materia¹⁷ tempestatum, et profunda moles continui maris¹⁸
30 tardius impellitur.

10 dīspicere, -spiciō, -spexī, -spectum: erblicken, erspähen –
11 Thūlē, ēs *f.*: Thule *(unklar – vermutlich die größte der Shetland-Inseln, s. S. 39)* – **12 quia hāctenus iussum**: (aber nicht betreten,) weil sie nur Befehl bis hierhin hatten –
13 rēmigāre: rudern – **14 perhibent**: man erzählt, es heißt –
15 perinde: auf gleiche Weise –
16 attolli: sich in Bewegung setzen, sich aufwühlen – **17 māteria, ae**: Ursprung, Voraussetzung –
18 profunda mōlēs continuī maris: die unergründliche Masse des zusammenhängenden Meeres

(6) Naturam Oceani atque aestus neque quaerere huius operis est, ac multi rettulere. Unum addiderim, nusquam latius dominari mare, multum fluminum huc atque illuc
35 ferre, nec litore tenus adcrescere aut resorberi, sed influere penitus atque ambire, et iugis etiam ac montibus inseri velut in suo.

(6) Nach der Beschaffenheit des Ozeans und seiner Gezeiten zu fragen, ist aber nicht Aufgabe dieses Werks, und schon viele berichteten darüber. Eines möchte ich aber anfügen, nämlich dass das Meer nirgends ausgedehnter herrscht, dass es viele Strömungen hierhin und dorthin ausschickt, und dass es nicht nur bis zum Strand anwächst und sich wieder zurückzieht, sondern bis ins Landesinnere fließt und dort umherströmt, und dass es sich sogar zwischen Höhenzüge und Berge ausbreitet, als ob es in seinem Reich ist.

1 Arbeiten Sie aus dem Text heraus, wie Tacitus seinen mitten im *Agricola* eingeschobenen Exkurs über Britannien legitimiert.
2 Fertigen Sie nach Tacitus' Beschreibungen (§ 2–4) eine Landkarte an und vergleichen Sie diese mit einer modernen Karte Großbritanniens (s. S. 39).
3 Der Text weist viele lateinische Ausdrücke und Wendungen auf, die zum Oberbegriff »Geographische Beschreibung« gehören. Erstellen Sie dazu ein nach Unterkategorien geordnetes Wortnetz.
4 Untersuchen Sie die Darstellung des den Römern völlig unbekannten Meeres nördlich von Britannien (§ 5–6). Welchen Eindruck erzeugt Tacitus?

12. Britannien als Provinz im Römischen Reich

Im Prinzipat des Trajan erreichte das Römische Reich seine größte Ausdehnung – die Karte unten zeigt alle Gebiete, die bei seinem Tod im Jahr 117 n. Chr. zu Rom gehörten. Es gab seit Augustus zwei Arten von Provinzen: Die sogenannten »kaiserlichen« Provinzen unterstanden nominell dem Kaiser selbst; dieser konnte für diese Verwaltungseinheiten selbst einen Statthalter *(legatus Augusti pro praetore)* ernennen. In den »senatorischen« (genauer: »öffentlichen«) Provinzen bestimmte der Senat den Statthalter *(proconsul)*, meist durch ein Losverfahren. »Senatorische« Provinzen waren in der Regel die am Mittelmeer gelegenen, schon befriedeten Gebiete ohne starke Militärpräsenz; in »kaiserlichen« Provinzen dagegen standen eine oder mehrere Legionen, um die gefährdeteren äußeren Randgebiete kontrollieren zu können.

Britannien wurde im Jahr 55/54 v. Chr. von Cäsar und seinen Truppen als ersten Römern betreten. Seitdem beanspruchte Rom die Herrschaft über die Insel, etwa über das Erheben von Zollgebühren für Waren, die den Ärmelkanal passierten. Erst unter Kaiser Claudius jedoch wurde der Südosten der Insel wirklich eingenommen. In den folgenden Jahren wurde der Einfluss Roms sukzessive nach Westen und Norden erweitert. Zwar gab es auch Rückschläge wie den Boudicca-Aufstand 60/61 n. Chr., aber insbesondere unter Agricola (77–84) gelangen große Geländegewinne. Langfristig allerdings ließ sich der Norden Britanniens nicht halten – durch Kastelle, Lager und Wälle (Hadrianswall, Antoninuswall) wurde im 2. Jh. eine dauerhafte Grenzsicherung erzielt. Nach einer Teilung in *Britannia superior* (Süden) und *inferior* (Norden) im 3. Jh. wurde es in der Spätantike immer schwerer, die ferne Insel aus Italien zu kontrollieren. Im Jahr 410 schließlich überließ Rom die römischen Siedlungen in Britannien sich selbst.

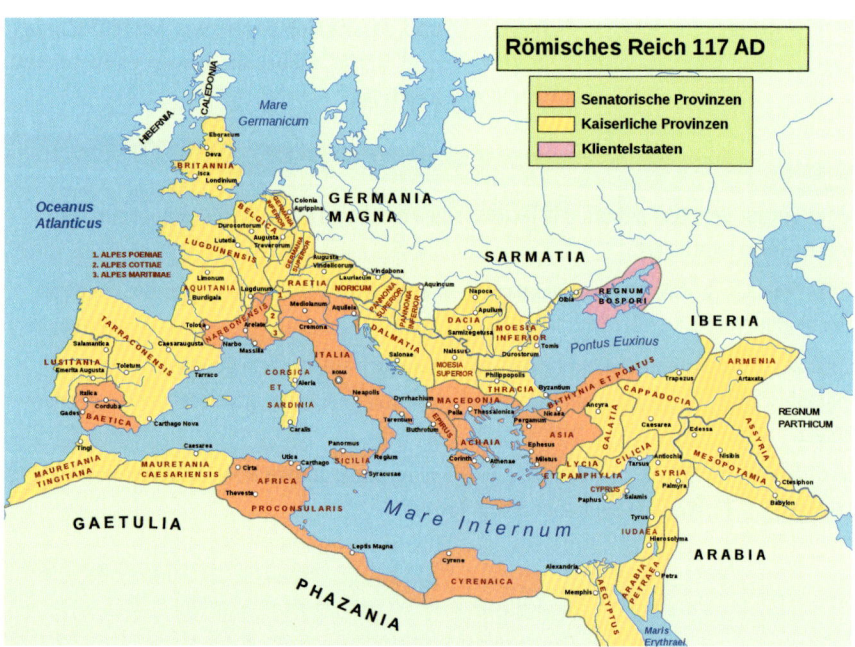

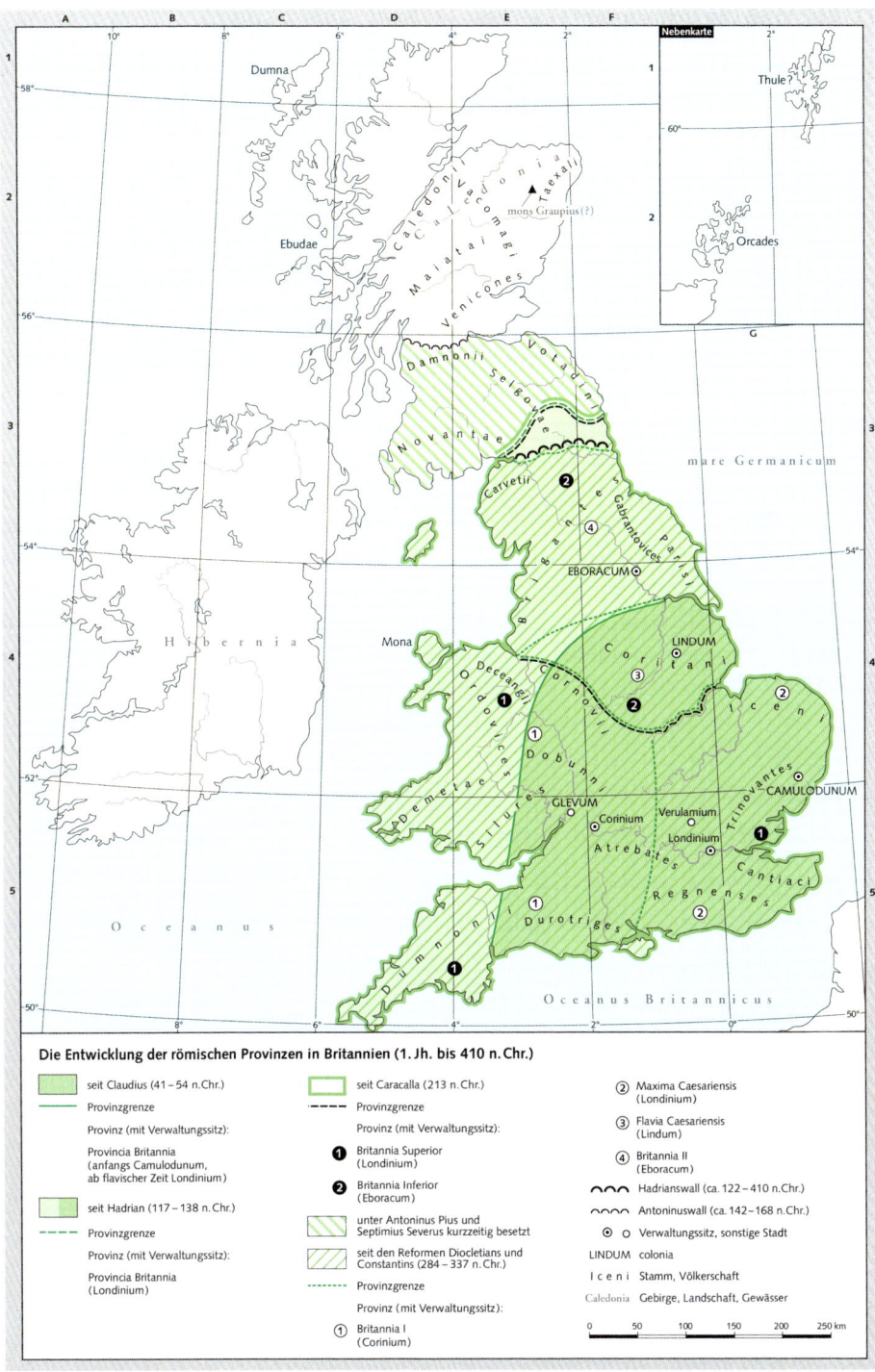

DNP Sonderausgabe: Historischer Atlas der antiken Welt, Hrsg. Wittke et al., Stuttgart 2012, Seite 193

13. Wer sind die Britannier? (Tac. Agr. 11: B; dt. Übersetzung)

Nach der Topographie kommt die Ethnographie – doch es ist gar nicht so leicht herauszufinden, von wem die Bewohner Britanniens eigentlich abstammen:

(1) Ceterum Britanniam qui mortales initio coluerint, indigenae an advecti, ut inter barbaros, parum compertum. Habitus corporum varii atque ex eo argumenta.

(1) Welche Menschen im Übrigen Britannien ursprünglich bewohnten, Einheimische oder Einwanderer, ist – wie oft unter Barbaren – nur wenig bekannt. Ihr körperliches Erscheinungsbild ist verschieden, und daraus sind Rückschlüsse möglich.

(2) Namque rutilae Caledoniam habitantium comae, magni artus Germanicam originem adseverant; Silurum colorati vultus, torti plerumque crines et posita contra Hispania Hiberos veteres traiecisse easque sedes occupasse fidem faciunt. Proximi Gallis et similes sunt, seu durante originis vi, seu procurrentibus in diversa terris positio caeli corporibus habitum dedit.

(2) Denn die roten Haare und die großgewachsenen Gliedmaßen der Einwohner Schottlands sprechen stark für einen germanischen Ursprung; die dunklen Gesichter der Siluren (= *Stamm in Südwales*), ihr oft gekräuseltes Haar und das gegenüberliegende Spanien lassen es glaubhaft erscheinen, dass die alten Iberer übersetzten und dieses Land besetzten. Die, die am dichtesten an Gallien leben, sind ihnen auch ähnlich, sei es, weil die ihrer Herkunft innewohnende Kraft noch andauert, sei es, weil das Klima in den einander gegenüberliegenden Ländern den Körpern dieses Erscheinungsbild gab.

(3) In universum tamen aestimanti[1] Gallos vicinam insulam occupasse credibile est. Eorum sacra deprehendas[2] ac superstitionum[3] persuasiones; sermo haud multum diversus, in deposcendis[4] periculis eadem audacia et, ubi advenere, in detrectandis[5] <periculis> eadem formido.

[1] **in ūniversum aestimantī…:** Für jemanden, der das Ganze betrachtet … – [2] **dēprehendere:** bemerken, antreffen – [3] **superstitiō**, ōnis f.: Aberglaube – [4] **dēposcere:** verlangen, herausfordern – [5] **dētrectāre:** ausweichen, verweigern

(4) Plus tamen ferociae Britanni praeferunt, ut[6] quos[7] nondum longa pax emollierit[8].
Nam Gallos quoque in bellis floruisse[9] accepimus; mox segnitia cum otio intravit, amissa virtute pariter ac libertate.
Quod Britannorum olim victis[10] evenit; ceteri manent, quales Galli fuerunt.

[6] **ut:** *hier:* weil – [7] **quōs** = eōs – [8] **ēmollīre:** verweichlichen – [9] **flōrēre**, flōreō, flōruī: »blühen«, *d. h.* glänzen, sich hervortun – [10] **Britannōrum ōlim victīs:** den schon früher Besiegten unter den Britanniern

Gerundivum, Konj. im HS, relat. Satzanschluss – crēdibilis, sacer, sermō, audācia, īdem, ōtium, quālis

1 Entnehmen Sie dem Text, welche Antwort Tacitus auf die Frage, ob die Ureinwohner Britanniens *indigenae* oder *advecti* sind, für plausibler hält. Welche Argumente führt er dafür an?

2 Beschreiben Sie den sprachlichen Stil dieses Kapitels: Woran lässt sich erkennen, dass Tacitus sich bemüht, als Wissenschaftler aufzutreten?

3 Weisen Sie nach, dass Tacitus – wie vemutlich die meisten Mitglieder der römischen Senatsaristokratie – keine besonders hohe Meinung von den fernen Britanniern hat.

4 In § 4 schildert Tacitus am Beispiel der von Cäsar unterworfenen Gallier einen vermeintlichen zivilisatorischen Automatismus. Erklären Sie in eigenen Worten, was die Formulierung *mox segnitia cum otio intravit, amissa virtute pariter ac libertate* bedeutet. Inwieweit gilt diese Erfahrung auch für Tacitus selbst (→ Proöm)?

5 Lesen Sie die Ausführungen unten über Exkurse. Erläutern Sie dann anhand von konkreten Textstellen aus diesem und dem vorherigen Kapitel, welche Zielsetzung Tacitus wohl mit dem Exkurs über Britannien verfolgt.

T Exkurse in der römischen Geschichtsschreibung

Zu den festen Bausteinen bzw. Gattungsmerkmalen der römischen Geschichtsschreibung gehört der Exkurs (von lat. *excurrere* = »herauslaufen, abschweifen«). Das bedeutet, hin und wieder wird die eigentliche chronologische Erzählung gezielt unterbrochen, um z. B. längere historische Rückblenden oder auch politisch-moralische Reflexionen einzubetten. Bekannt sind etwa die Exkurse des römischen Historikers Sallust (ca. 86–35 v. Chr.). In seinen beiden Monographien *De coniuratione Catilinae* und *Bellum Iugurthinum* finden sich mehrere längere Partien, die streng genommen nicht zur eigentlichen Erzählung gehören: Darunter fallen beispielsweise im *Catilina* der berühmte »Sittenexkurs«, der die Entwicklung und moralische Pervertierung Roms bis zur Gegenwart nachzeichnet, sowie der »Parteienexkurs«, in dem die immer heftigeren Auseinandersetzungen zwischen Optimaten und Popularen dargestellt werden; im *Iugurtha* etwa der »Afrikaexkurs«, in dem Sallust von den Bewohnern und der konfliktreichen Stammesgeschichte Nordafrikas berichtet.

Exkurse wirken auf den ersten Blick wie erzählerische Abschweifungen, die vom eigentlichen Thema ablenken. Auf den zweiten Blick hingegen sind sie meist sehr wichtig für die Gesamtdarstellung und enthalten wesentliche Gedanken zum Verständnis des Werks. Entscheidend ist vor allem, dass Autoren in Exkursen bestimmte Entwicklungen und Hintergründe aufzeigen können, die für die erzählerische Gegenwart – also den Zeitpunkt, zu dem das jeweilige Werk spielt – hilfreiches Vorwissen darstellen. Erst so kann ein Leser in den Augen des Autors die volle Tragweite des Geschehens ermessen und entsprechend würdigen.

14. Gesellschaftsordnung, Klima und Bodenschätze
(Tac. Agr. 12: C; dt. Übersetzung)

Tacitus hat auch Zugang zu näheren Informationen über Land und Leute:

(1) In pedite robur; quaedam nationes et curru proeliantur[1]. Honestior auriga[2], clientes propugnant[3]. Olim regibus parebant, nunc per principes factionibus et studiis trahuntur[4].

5 (2) Nec aliud adversus validissimas gentīs pro nobis utilius, quam quod in commune non consulunt. Rarus duabus tribusve civitatibus ad propulsandum[5] commune periculum conventus[6]: ita singuli pugnant, universi vincuntur.

10 (3) Caelum[7] crebris imbribus ac nebulis foedum; asperitas frigorum[8] abest. Dierum spatia ultra nostri orbis[9] mensuram[10]; nox clara et extrema Britanniae parte brevis, ut finem atque initium lucis exiguo discrimine internoscas[11].

15 (4) Solum[12] praeter oleam[13] vitemque[14] et cetera calidioribus terris oriri sueta[15] patiens frugum, fecundum[16]: tarde mitescunt[17], cito proveniunt[18]; eademque utriusque rei causa, multus umor[19] terrarum caelique.

1 **proeliārī**: kämpfen – 2 **aurīga**, ae m.: Wagenlenker – 3 **clientēs prōpūgnant**: seine Gefolgsleute schützen ihn

4 **trahere**: *hier:* »auseinanderziehen« → entzweien, zerrütten, schwächen

5 **prōpulsāre**: zurückschlagen, abwenden – 6 **conventus**, ūs m.: Zusammenschluss

7 **caelum**, ī: Klima, Wetter – 8 **asperitās frīgorum**: strenge Kälte – 9 **orbis**, is m.: *hier:* Gegend, Region – 10 **mēnsūra**, ae: Maß, Länge – 11 **internōscere**: unterscheiden – 12 **solum**, ī: Boden, Erdreich – 13 **olea**, ae: Olive – 14 **vītis**, is m.: Weinrebe – 15 **cētera calidiōribus terrīs orīrī suēta**: anderes, was gewöhnlich in wärmeren Ländern wächst – 16 **patiēns frūgum, fēcundum**: geeignet für Feldfrüchte und ertragreich – 17 **mītēscere**: reif werden – 18 **prōvenīre**: *hier:* sprießen, gedeihen – 19 **ūmor**, ōris m.: Feuchtigkeit

20 (5) Fert Britannia aurum et argentum et alia metalla, pretium victoriae. Gignit et Oceanus margarita, sed subfusca ac liventia. Quidam artem abesse legentibus arbitrantur, 25 nam in rubro mari viva ac spirantia saxis avelli, in Britannia, prout expulsa sint, colligi. Ego facilius crediderim naturam margaritis deesse quam nobis avaritiam.

(5) Britannien besitzt Gold, Silber und andere Metalle, ein Lohn für unseren Sieg. Auch bringt der Ozean Perlen hervor, aber nur von getrübter, bläulicher Farbe. Einige glauben, dass den Sammlern die Kompetenz fehlt, denn im Roten Meer würden die Perlen noch lebendig und atmend von den Felsen gerissen, in Britannien aber nur aufgesammelt, je nachdem, wo sie angespült worden seien. Ich aber könnte leichter glauben, dass den britischen Perlen schlicht die Schönheit fehlt als uns Menschen die nötige Habgier.

1 Fassen Sie zusammen, welche Vorteile und welche Probleme Britannien für die Römer bereithält.

2 Tacitus' hintergründiger Schreibstil gründet oft auf einer düsteren, pessimistischen Grundhaltung. Zeigen Sie anhand von § 5, dass Tacitus mitunter als zynischer Moralist auftritt, der Kritik an seiner Gegenwart äußert.

3 Schon Cäsar war mit seinem Heer nach Britannien übergesetzt und hatte im *Bellum Gallicum* ebenfalls über das Land und die Bewohner der Insel berichtet. Vergleichen Sie seine Darstellung mit der des Tacitus (Texte 11–14). Welche Parallelen und Unterschiede finden Sie in den Exkursen?

Cäsar, De bello Gallico 5,12–14:

(12) Das Innere von Britannien ist von Stämmen bewohnt, die sich nach ihrer Überlieferung als Ureinwohner der Insel bezeichnen, das Küstengebiet von denen, die aus Beutegier und Kriegslust aus Belgien übersetzten. Sie tragen fast alle noch die Namen der Völker, von denen sie abstammten und herüberkamen; nach gewaltsamer Eroberung blieben sie dort und begannen, die Felder anzubauen. Sie haben eine unendliche Menge von Menschen und sehr viele Gebäude, die ganz wie die gallischen aussehen, auch eine große Menge Vieh. Als Geld verwenden sie Kupfer, Goldmünzen oder Eisenstäbchen mit geeichtem Gewicht. Im Binnenland gibt es dort Zinn und an der Küste Eisen, doch ist dessen Vorkommen gering. Kupfer wird eingeführt. Holz gibt es von jeder Art wie in Gallien, doch fehlen Buche und Tanne. Hase, Huhn oder Gans gelten als unerlaubte Speisen, doch hält man diese Tiere zu Lust und Vergnügen. Das Klima ist milder als in Gallien, die Fröste sind nicht so streng.

(13) Die Insel hat die Form eines Dreiecks, dessen Basis Gallien gegenüberliegt. Der eine Winkel an dieser Seite, bei Cantium (= *Kent*), wo fast alle Schiffe aus Gallien landen, weist nach Osten, der andere, untere nach Süden. Diese Seite ist etwa 500 Meilen lang. Die zweite Seite schaut nach Spanien und dem Westen. Dort liegt die Insel Hibernia (= *Irland*), die schätzungsweise halb so groß ist wie Britannien und ebensoweit von Britannien wie Britannien von Gallien entfernt liegt. Auf halbem Wege ist dort eine Insel, die Mona (= *Anglesey*) heißt: dort sollen noch mehrere kleine Inseln liegen; von diesen Inseln haben einige Schriftsteller berichtet, es herrsche dort zur Zeit der Wintersonnenwende 30 Tage andauernd Nacht. Wir konnten darüber durch Nachfragen nichts in Erfahrung bringen, jedoch durch genaue Messungen mit der Wasseruhr feststellen, dass hier die Nächte kürzer sind als auf dem Festland. Die Länge dieser Seite schätzen die genannten Autoren auf 700 Meilen. Die dritte Seite liegt nach Norden zu; ihr liegt kein Land gegenüber, sondern der Winkel dieser Seite ist hauptsächlich Germanien zugewandt. Diese Seite ist schätzungsweise 800 Meilen lang. So beträgt der Gesamtumfang der Insel 2000 Meilen.

(14) Von allen Einwohnern sind am meisten zivilisiert die Bewohner von Cantium, einer Gegend, die ganz am Meer liegt, und die Lebensweise der Menschen unterscheidet sich nur wenig von der der Gallier. Die Bewohner des Binnenlandes bauen in der Mehrzahl kein Getreide an, sondern leben von Milch und Fleisch und kleiden sich mit Leder. Alle Britannier aber reiben sich mit Waid ein, das himmelblau färbt, und dadurch sehen sie im Kampf noch schrecklicher aus; sie tragen langes Haar, rasieren sich aber sonst am ganzen Körper bis auf Haupthaar und Oberlippenbart. Zehn Männer, in anderen Fällen zwölf, haben gemeinsam Frauen, und zumeist Brüder mit Brüdern und Väter mit ihren Söhnen. Von ihnen stammende Kinder gelten aber als deren Kinder, die ein Mädchen zuerst heimführten.

(Übersetzung: O. Schönberger, Berlin 2013)

15. Boudicca, Königin der Icener (Tac. Ann. 14,31–32,2: B/C)

Bevor er sich wieder Agricola selbst zuwendet, gibt Tacitus noch einen Überblick über die Geschichte der Provinz Britannien unter den bisherigen römischen Kaisern und Statthaltern (Tac. Agr. 13–17). Nur kurz erwähnt er dabei ein dramatisches Ereignis aus dem Jahr 60/61 n. Chr.: den blutigen Aufstand des Volkes der Icener unter ihrer Königin Boudicca. Weitaus ausführlicher berichtet er davon viele Jahre später in seinem Geschichtswerk »Annalen«:

(1) Rex Icenorum Prasutagus[1], longa opulentia clarus, Caesarem[2] heredem[3] duasque filias scripserat[4], tali obsequio ratus[5] regnumque et domum suam procul iniuria fore.

5 (2) Quod contra vertit[6], adeo ut regnum per centuriones, domus per servos velut capta vastarentur. Iam primum uxor eius Boudicca verberibus[7] adfecta et filiae stupro[8] violatae sunt. Praecipui[9] quique Icenorum avitis[10] bonis exuuntur[11], et propinqui regis inter

10 mancipia[12] habebantur.

(3) Qua contumelia et metu graviorum rapiunt[13] arma. Nec arduum[14] videbatur exscindere[15] coloniam nullis munimentis saeptam[16] – quod ducibus nostris parum provisum erat[17], dum amoenitati[18] prius quam usui

15 consulitur[19].

1 Prasutagus: → Namensverzeichnis – **2 Caesar:** Kaiser *(zu dieser Zeit: Nero)* – **3 hērēs,** ēdis *m./f.*: Erbe – **4 scrībere:** *hier*: ernennen, einsetzen – **5 rērī,** reor, ratus sum: glauben, meinen – **6 quod contrā vertit:** Das Gegenteil trat ein – **7 verbera,** rum *n. Pl.*: Schläge, Peitschenhiebe – **8 stuprum, ī:** Schändung, Missbrauch – **9 praecipuus,** a, um: vornehm, höherstehend – **10 avītus,** a, um: ererbt, angestammt – **11 exuere** + *Abl.*: wegnehmen, berauben – **12 mancipium, ī:** Sklave – **13 rapere:** *hier*: ergreifen – **14 arduus,** a, um: schwierig – **15 exscindere:** zerstören, vernichten – **16 saepīre,** saepiō, saepsī, saeptum: umgeben, einschließen – **17 prōvīsum erat:** für *etw.* waren Vorkehrungen getroffen worden; *etw.* war vorhergesehen worden – **18 amoenitās,** ātis *f.*: Annehmlichkeit, Bequemlichkeit – **19 cōnsulitur** *(hist. Präsens)*: man kümmerte sich um *etw.*; man sorgte für *etw.*

Boudicca verbündet sich mit anderen Stämmen und plant eine Rebellion. Das Überraschungsmoment sowie fehlende Vorsorge der römischen Besatzer sorgen dafür, dass den Briten beim Angriff auf die römische Siedlung Camulodunum (= Colchester) niemand gewachsen ist.

(4) Cetera quidem <aedificia> Camuloduni impetu direpta[20] aut incensa sunt; templum, in quo se miles conglobaverat[21], biduo[22] obsessum expugnatumque. Et victor Britannus Petillio Ceriali, legato legionis nonae,

20 in subsidium adventanti[23] obvius <iit>, fudit[24] legionem, et quod peditum[25] interfecit.

20 dīripere, -ripiō, -ripuī, -reptum: plündern, verheeren – **21 conglobāre:** zusammendrängen, -scharen – **22 bīduō:** nach zwei Tagen – **23 adventāre:** rasch herbeieilen – **24 fundere,** fundō, fūdī, fūsum: schlagen, in die Flucht jagen – **25 quod peditum:** alle Fußsoldaten

Partizip, relat. Satzanschluss, Passiv, abh. Frage – tālis, rēgnum, fore, quisque, quidem, contumēlia, mīles

Nach der Zerstörung Camulodunums zieht Boudicca weiter – direkt gegen Londinium (= London). Allerdings ist schon der römische Statthalter Britanniens, Suetonius Paullinus, auf dem Weg dorthin – wird er Londinium retten und Boudicca besiegen?

(5) At Suetonius mira constantia medios inter hostes Londinium perrexit[27], copia negotiatorum[28] et commeatuum[29] maxime celebre. Ibi ambiguus, an illam sedem[30] bello deligeret, circumspecta infrequentia[31] militis, unius oppidi damno servare universa statuit. Neque fletu et lacrimis auxilium eius orantium flexus est[32], quin daret profectionis[33] signum. (6) Si quos imbellis[34] sexus aut fessa aetas vel loci dulcedo attinuerat[35], ab hoste oppressi sunt. Eadem clades municipio Verulamio[36] fuit. Ad septuaginta milia[37] civium et sociorum iis locis cecidisse constitit. Neque enim <Britanni> capere aut venundare[38], sed caedes, patibula[39], ignes, cruces festinabant.

27 pergere, pergō, perrēxī, perrēctum: vordringen, sich begeben – **28 negōtiātor,** ōris *m.*: Händler – **29 commeātus,** ūs *m.*: Warentransport – **30 sēdēs,** is *f.*: Stützpunkt, Hauptquartier – **31 īnfrequentia,** ae: Mangel – **32 flectere,** flectō, flexī, flexum: umstimmen, erweichen – **33 profectiō,** ōnis *f.*: Abmarsch, Abzug – **34 imbellis,** e: unkriegerisch, »schwach« – **35 attinēre:** zurückhalten, aufhalten – **36 mūnicipium Verulamium:** die Stadt Verulamium *(heute St. Albans)* – **37 septuāgintā mīlia:** 70 000 – **38 vēnundare:** (Sklaven) verkaufen – **39 patibulum,** ī: Galgen, Marterholz

1 Fassen Sie in eigenen Worten zusammen, wieso die Briten zu den Waffen greifen.
2 Arbeiten Sie heraus, wie Tacitus das Vorgehen des britischen Heers charakterisiert.
3 Analysieren Sie die Gewichtung, die Römer und Briten jeweils in der Darstellung der Rebellion erhalten – worauf fokussiert sich Tacitus, worauf nicht?
4 Boudicca hat Colchester völlig zerstört und niedergebrannt. Nehmen Sie Stellung dazu, warum man dort dennoch eine Monumentalstatue von ihr errichtet hat.

Zeitgenössische Boudicca-Statue in Colchester, Jonathan Clarke 1999

Der Britannienexkurs

16. Eine bemerkenswerte Frau (Cass. Dio 62,1–2)

Cassius Dio (ca. 163–229 n. Chr.) war ein erfolgreicher Senator der hohen Kaiserzeit. Berühmt geworden ist er durch sein gewaltiges Geschichtswerk »Römische Geschichte«, das in 80 Büchern von der mythischen Gründung Roms bis zum Jahr 229 reichte. Cassius Dio ist wie Tacitus ein Vertreter der sogenannten senatorischen Geschichtsschreibung, d.h. er schreibt aus der speziellen Perspektive des römischen Senats und hat dessen Interessen im Blick. Sein Bericht über das Jahr 61/62 n. Chr. (Buch 62, leider nur indirekt durch Auszüge erhalten, die ein mittelalterlicher Mönch angefertigt hat) umfasst auch den Boudicca-Aufstand:

Cassius Dio, Römische Geschichte 62,1–2:

[Währenddessen] ereignete sich ein entsetzliches Unglück in Britannien: Zwei Städte wurden geplündert, achtzigtausend Römer und Bundesgenossen von ihnen fanden den Tod, und die Insel ging dem Reich verloren. All das Unglück aber brachte ein Weib über die Römer, was an sich schon ärgste Schmach für sie bedeutete. Und in der Tat gab auch der Himmel ihnen Vorzeichen des drohenden Verhängnisses: So hörte man nachts aus dem Senatsgebäude ein Stimmengewirr von Barbaren dringen, in das sich Gelächter mischte, und auch aus dem Theater vernahm man Aufschreie und Schmerzensrufe, ohne dass ein Mensch Worte oder Klagelaute äußerte. Man sah auch Häuser unter dem Wasserspiegel der Themse, dazu schwoll der Ozean zwischen der Insel und Gallien einmal zur Zeit der Flut blutrot an.

Den Vorwand für den Krieg lieferte die Beschlagnahme der Gelder, die [Kaiser] Claudius den vornehmsten Briten gegeben hatte; denn jene Beträge mussten, wie jedenfalls der Prokurator der Insel Decianus Catus behauptete, zurückerstattet werden. Dies war ein Grund der Empörung; ein anderer ist darin zu sehen, dass [der reiche Geschäftsmann und Philosoph] Seneca in der Erwartung, eine gute Verzinsung zu erhalten, den Briten vierzig Millionen Sesterzen gegen ihren Willen geliehen hatte, dann aber die Darlehen plötzlich insgesamt zurückforderte und bei ihrer Eintreibung hart verfuhr. Die Person indessen, welche die Briten vor allem aufreizte und zum Krieg gegen die Römer beredete, welche ihrer Führung für würdig erachtet wurde und das gesamte Kampfgeschehen leitete, war Buduica [= Boudicca], eine Britin aus königlichem Geschlecht und klüger, als Frauen gewöhnlich sind. Diese Buduica sammelte nun ihr Heer, an die 120.000 Mann stark, und bestieg sodann ein Tribunal, das nach Römerart aus Erde errichtet war. Sie selbst war hochgewachsen, gar furchterweckend in ihrer Erscheinung, und ihr Auge blitzte. Dazu besaß sie eine rauhe Stimme. Dichtes, hellblondes Haar fiel ihr herab bis zu den Hüften, den Nacken umschlang eine große, goldene Kette, und der Leibrock, den sie trug, war buntfarbig und von einem dicken Mantel bedeckt, der durch eine Fibel zusammengehalten wurde. Damals nun ergriff sie eine Lanze, um auch auf diese Weise ihre sämtlichen Zuhörer in Schrecken zu versetzen, und hielt folgende Ansprache: […]

(Übersetzung: O. Veh, Düsseldorf 2007)

1. Benennen Sie die Gründe, die Cassius Dio für den Aufstand der Briten angibt. Vergleichen Sie diese dann mit denen, die Tacitus angibt (s. o.).
2. Dios Beschreibung der Boudicca ist sehr detailliert und anschaulich. Untersuchen Sie, welchen Eindruck von Boudicca Dio dem Leser vermitteln will. Suchen Sie dann online nach einem Bild bzw. Foto, auf dem Boudicca möglichst so dargestellt ist. Alternativ können Sie die Königin auch selbst visualisieren.
3. In Rom dürfte der Boudicca-Aufstand schon deshalb als besondere Provokation empfunden worden sein, weil er von einer Frau geleitet wurde. Arbeiten Sie heraus, wo das auch in Dios Bericht deutlich wird.
4. Der britische Cartoonist Adrian Teal geht dieses Thema humoristisch an:
    a) Beschreiben Sie zunächst den abgebildeten Cartoon und erschließen Sie sich den Inhalt der Sprechblasen.
    b) Stellen Sie eine Vermutung an, wie das trockene »Can't imagine why!« von Johnsons jungem Begleiter Boswell zu verstehen ist. Wie steht er zu Johnsons Aussage?
    c) Diskutieren Sie: Benutzt der Cartoon die Figur der Boudicca, um die traditionellen Geschlechterrollen infragezustellen oder zu verstärken?

Adrian Teal, Cartoon für die engl. Geschichtszeitschrift *History Today,* ca. 2010 (© History Today)

Anmerkungen: Samuel Johnson (1709–1784) war ein berühmter englischer Gelehrter. Sein jüngerer Freund James Boswell veröffentlichte nach Johnsons Tod eine Biographie über dessen Leben und Moralvorstellungen, in denen Johnson als große Autorität galt.

Worthilfen: *to presume* = unterstellen, voraussetzen – *spindle* = Spindel (zum Spinnen/Weben). – *to partake* = teilhaben an – *grandeur* = Erhabenheit, Herrlichkeit – *Sir* = mein Herr *(höflich, nicht unterwürfig).*

17. Aufrecht bis zum Schluss (Tac. Ann. 35–37: C)

Zurück zu Tacitus: Paullinus stellt sich schließlich zur Schlacht – er hat zwar weitaus weniger Soldaten, wählt aber einen strategisch geschickten Ort und vertraut auf die große Erfahrung seiner Legionen. In ihrem Streitwagen gibt Boudicca ihrem Heer letzte Anfeuerungen:

(1) Boudicca curru filias prae se vehens[1], ut[2] quamque nationem accesserat, solitum quidem Britannis[3] feminarum ductu bellare testabatur[4], sed tunc non ut tantis maioribus ortam[5] regnum et opes <ulcisci>, verum ut unam e vulgo libertatem amissam, confectum[6] verberibus corpus, contrectatam[7] filiarum pudicitiam ulcisci.

1 **vehere:** fahren – 2 **ut:** *hier:* als, sobald – 3 **solitum quidem Britannīs ...:** dass die Britannier ja gewohnt seien, ... – 4 **testārī:** bekräftigen, versichern *(es folgt ein AcI – indirekte Rede)* – 5 **sed tunc nōn ut tantīs maiōribus ortam ...:** aber dass sie diesmal nicht als eine, die von so bedeutenden Vorfahren abstamme, ... – 6 **cōnfectus, a, um:** geschwächt, geschunden – 7 **contrectāre:** betatschen, schänden

(2) Eo provectas Romanorum cupidines[8], ut non corpora, ne senectam quidem aut virginitatem impollutam relinquant. Adesse tamen deos iustae vindictae[9]; cecidisse legionem, quae proelium ausa sit; ceteros castris occultari aut fugam circumspicere[10].

8 **Eō prōvectās Rōmānōrum cupīdinēs:** So weit hätten sich die Römer in ihrer Gier fortreißen lassen <, sagte sie,> ... *(weiterhin indirekte Rede → Hauptsätze im AcI)* – 9 **vindicta, ae:** Strafe, Rache – 10 **circumspicere:** sich umschauen nach

(3) Si causas belli secum expenderent[11], vincendum illa acie vel cadendum esse. Id mulieri destinatum[12] – viverent viri et servirent.

11 **expendere:** erwägen, prüfen – 12 **id mulierī dēstinātum:** Dazu sei sie als Frau entschlossen <, sagte sie,>

Der Ansturm der trainierten römischen Armee – und insbesondere ihrer kampfstarken Reiterei – ist so heftig, dass die Formation des britischen Heeres sofort auseinanderbricht.

(4) Et miles <Romanus> ne mulierum quidem neci temperabat[13], confixaque telis etiam iumenta[14] corporum cumulum[15] auxerant. (5) Clara et antiquis victoriis par ea die laus parta[16]: Quippe sunt, qui paulo minus quam octoginta milia[17] Britannorum cecidisse tradant, militum <Romanorum> quadringentis ferme[18] interfectis nec multo amplius vulneratis. Boudicca vitam veneno finivit.

13 **temperāre** + *Dat.:* sich mäßigen, zurückhalten (bei *etw.*) – 14 **cōnfixa tēlīs iūmenta:** die von Wurfgeschossen durchbohrten Lasttiere – 15 **cumulus, ī:** Haufen – 16 **parere,** pariō, peperī, partum: erwerben, gewinnen, sich verschaffen – 17 **octōgintā mīlia:** 80 000 – 18 **quadringentī fermē:** ca. 400

Indirekte Rede, AcI, Konjunktiv – currus, accēdere, solēre, opēs, corpus, cadere, mulier, pār, laus

1 Benennen Sie die Argumente, mit denen Boudicca ihre Leute ermutigt. Untersuchen Sie dann, wie sie das Mittel der Emotionalisierung einsetzt.
2 Lesen Sie die untenstehenden Ausführungen und erklären Sie, inwiefern die abgebildete Statue Boudiccas als politische Botschaft zu verstehen ist. Beziehen Sie auch die abgedruckten Inschriften am Statuensockel mit ein.
3 Recherchieren Sie online, in welchen Kontexten Boudicca heute noch in der englischen Kultur präsent ist. Welche Assoziationen sind jeweils mit ihrem Namen verknüpft? Präsentieren Sie Ihre Ergebnisse.

K Boudicca als nationale Ikone Englands

Zur Zeit der berühmten englischen Königin Victoria (1819–1901) wurde Boudicca zu einer britischen Legende: In ihr wollten gebildete Leute eine Namensvetterin Victorias erkennen, denn Boudicca leitet sich ab von dem keltischen Wort *boudā, das »Sieg« bedeutet. Dazu muss man wissen, dass in der Geschichte Englands keine andere Zeit eine so lange Periode stabilen Friedens, wachsenden Wohlstands und gesteigerten Nationalbewusstseins darstellte wie das viktorianische Zeitalter – außenpolitisch bestimmt durch die sogenannte *Pax Britannica*, d. h. die Zeit zwischen 1815–1915, in der Großbritannien insbesondere durch seine starke Flotte zur Hegemonialmacht aufstieg, das British Empire seine größte Ausdehnung bekam und die Vormachtstellung der britischen Krone von keiner anderen Nation der Welt herausgefordert werden konnte. Vor diesem Hintergrund lag es auf der Hand, die vermeintlichen Parallelen zwischen Boudicca und Victoria in ihrer Bedeutung für Britannien herauszustellen. Boudicca wurden deshalb im viktorianischen Zeitalter viele Gedichte und Erzählungen gewidmet, auch wurden zum Beispiel Schiffe der Royal Navy nach ihr benannt.

Bis heute stellt Boudicca ein bedeutendes kulturelles Symbol Englands dar. Die unten abgebildete Statuengruppe etwa steht im Zentrum Londons (am Themseufer gegenüber Big Ben), wurde 1902 errichtet und zeigt Boudicca mit ihren zwei Töchtern auf einem Streitwagen; die Gesichtszüge Boudiccas ähneln nicht unabsichtlich der jungen Königin Victoria:

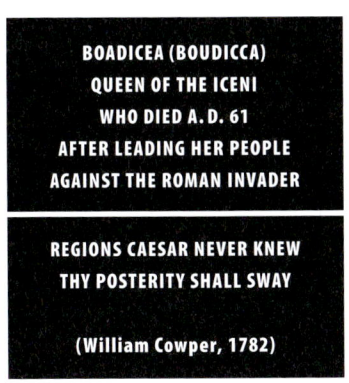

BOADICEA (BOUDICCA)
QUEEN OF THE ICENI
WHO DIED A. D. 61
AFTER LEADING HER PEOPLE
AGAINST THE ROMAN INVADER

REGIONS CAESAR NEVER KNEW
THY POSTERITY SHALL SWAY

(William Cowper, 1782)

Boudicca-Statue, Westminster Bridge, London
(© Carole Raddato)

Agricolas Statthalterschaft in Britannien

18. Ein überaus dynamischer Auftakt (Tac. Agr. 18: B/C; dt. Übersetzung)

Nach dem Exkurs zu Land und Leuten sowie der historischen Entwicklung und den jüngsten Aufständen in Britannien kommt Tacitus nun zu Agricolas Statthalterschaft.
Gerade erst ist Agricola auf der Insel und bei den Legionen angekommen und schon schreitet er zur Tat, obwohl die Umstände nicht gerade günstig sind:

(1) Hunc Britanniae statum, has bellorum vices[1] media iam aestate transgressus Agricola invenit, cum[2] et milites – velut omissa expeditione – ad securitatem et hostes ad occasionem verterentur[3]. Ordovicum civitas[4]
5 haud multo ante adventum eius alam[5] in finibus suis agentem prope universam obtriverat[6], eoque initio erecta provincia <erat>.

1 vicēs *f. Pl.*: Wechselseitigkeit, wechselndes Los – 2 cum: *cum historicum*: als – 3 vertī ad + *Akk.*: sich einer Sache zuwenden, auf etw. aus sein – 4 Ordovicum cīvitās: der Stamm der Ordovicer *(Volk im heutigen Wales)* – 5 āla, ae: römische Reiterabteilung *(ca. 500 Reiter)* – 6 obterere, -terō, -trīvī, -trītum: vernichten, niedermachen

(2) Et quibus bellum volentibus erat, probare exemplum ac recentis legati animum
10 opperiri, cum Agricola, quamquam transvecta aestas, sparsi per provinciam numeri, praesumpta apud militem illius anni quies, tarda et contraria bellum incohaturo, et plerisque custodiri suspecta potius videbatur,
15 ire obviam discrimini statuit. Contractisque legionum vexillis et modica auxiliorum manu, quia in aequum degredi Ordovices non audebant, ipse ante agmen, quo ceteris par animus simili periculo esset, erexit
20 aciem.

(2) Und denjenigen, die auf Krieg aus waren, gefiel dieses Beispiel und sie warteten nur die Haltung des neuen Statthalters ab, als Agricola – obwohl der Sommer vorüber, die Truppe über die Provinz verstreut und die Ruhezeit dieses Jahres von den Soldaten schon vorweggenommen war, was alles verzögernd und hinderlich wirkt für jemanden, der einen Krieg beginnen will, und obwohl viele der Meinung waren, verdächtige Gebiete lieber nur zu überwachen – beschloss, die Entscheidung im Kampf zu suchen. Er zog die Legionsteile sowie eine bescheidene Anzahl Hilfstruppen zusammen, und weil die Ordovicer es nicht wagten, in die Ebene hinabzusteigen, führte er selbst an der Spitze, damit die übrigen in ähnlicher Gefahr den gleichen Mut hatten, das Heer in Schlachtordnung heran.

(3) Caesaque prope universa gente, non ignarus instandum famae ac, prout prima cessissent, terrorem ceteris fore, Monam

(3) Es wurde fast der gesamte Volksstamm niedergemacht – und Agricola, der genau wusste, dass man dem Ruhm unablässig

insulam, cuius possessione revocatum Paullinum rebellione totius Britanniae supra memoravi, redigere in potestatem animo intendit.

nachsetzen muss und dass es, so wie diese erste Unternehmung ausgegangen war, Schrecknis auch für die übrigen bedeuten werde, plante, die Insel Mona, von deren Besetzung Paullinus infolge des Aufstands von ganz Britannien abgehalten wurde, wie ich oben dargelegt habe, in seine Macht zu bekommen.

(4) Sed, ut[7] in subitis consiliis, naves deerant. Ratio et constantia ducis transvexit[8]: Depositis omnibus sarcinis[9] lectissimos auxiliarium, quibus nota vada[10] et patrius nandi usus[11], quo simul seque et arma et equos regunt, ita repente[12] inmisit, ut obstupefacti[13] hostes, qui classem, qui navis, qui mare expectabant, nihil arduum[14] aut invictum[15] crediderint sic ad bellum venientibus[16].

7 **ut**: *hier*: wie es so ist – 8 **trānsvehere**, -vehō, -vēxī, -vectum: übersetzen, hinüberbringen – 9 **sarcina**, ae: Gepäck – 10 **vadum**, ī: Untiefe, Furt – 11 **patrius nandī ūsus**: eine von ihren Vorfahren ererbte Schwimmtechnik – 12 **repente**: plötzlich, unvermutet – 13 **obstupefacere**: erstarren lassen, in Bestürzung versetzen – 14 **arduus**, a, um: schwierig, mühsam – 15 **invictus**, a, um: *hier*: unüberwindbar – 16 **venientibus**: für Leute, die kommen

(5) Ita petita pace ac dedita[17] insula clarus ac magnus haberi[18] Agricola, quippe cui[19] ingredienti provinciam, quod tempus alii per ostentationem et officiorum ambitum transigunt, labor et periculum placuisset.

17 **dēdere**, dēdō, dēdidī, dēditum: übergeben, ausliefern – 18 **habērī**: gelten, geachtet sein als – 19 **quippe cui**: weil ihm ja …

(6) Nec Agricola prosperitate rerum in vanitatem usus <est> <nec> expeditionem aut victoriam vocabat victos continuisse[20]; ne laureatis[21] quidem gesta prosecutus est[22], sed ipsa dissimulatione famae famam auxit, aestimantibus[23] quanta futuri spe tam magna tacuisset.

20 **victōs continuisse** (*abhängig von nec … vocābat*): (er nannte es nicht …,) dass er bereits besiegte Menschen in die Schranken verwiesen hatte – 21 **laureātīs** <**litterīs**>: mit lorbeerbekränzten Berichten *(nach Rom)* – 22 **prōsequī**, -sequor, secūtus sum: *hier*: schildern – 23 **aestimantibus**: weil man abschätzte…

1 Stellen Sie aus dem Text ein ausführliches Wortnetz zum Thema »Militär/Kampf« zusammen und verwenden Sie geeignete Unterkategorien.
2 Charakterisieren Sie Agricola. Bringen Sie Ihre Ergebnisse auch in Zusammenhang mit früheren Angaben des Tacitus zu seinem Schwiegervater (Texte 6–10).
3 Diskutieren Sie – möglichst unabhängig von der verherrlichenden Darstellung des Tacitus –, ob Agricolas Handeln am Beginn seiner Statthalterschaft klug oder unklug war.

19. Musterbild eines Statthalters (Tac. Agr. 19–20: A/B; dt. Übersetzung)

Nach der raschen Einnahme der Insel Mona beginnt für Agricola der erste Winter als Statthalter Britanniens. Die Saison der Feldzüge ist für dieses Jahr vorüber, aber dafür kann sich Agricola nun anderen Dingen zuwenden:

(1) Ceterum animorum[1] provinciae prudens, simulque doctus[2] – per aliena[3] experimenta – parum profici[4] armis, si iniuriae sequerentur, causas bellorum statuit excidere[5].

5 (2) A se suisque orsus[6] primum domum suam coercuit, quod plerisque haud minus arduum[7] est quam provinciam regere.

Nihil per libertos servosque publicae rei[8] <agere>[9], non studiis privatis nec ex commendatione[10] aut pre-
10 cibus centurionem militesve adscire[11], sed optimum quemque fidissimum putare.

(3) Omnia scire, non omnia exsequi[12]. Parvis peccatis veniam, magnis severitatem commodare[13]; nec poena semper, sed saepius paenitentia[14] contentus esse; officiis
15 et administrationibus[15] potius non peccaturos praeponere[16], quam damnare, cum peccassent.

1 animus, ī: *im Pl. hier:* Gemütslage – **2 doctus,** a, um + *Infinitiv:* unterrichtet, gelehrt darin, dass – **3 aliēnus,** a, um: von anderen – **4 prōficere:** ausrichten, bewirken – **5 excīdere:** beseitigen, ausrotten

6 ōrdīrī, ōrdior, ōrsus sum **ā:** anfangen/beginnen mit – **7 arduus,** a, um: schwierig – **8 rēs pūblica:** *hier etwa:* Amtshandlung, Dienstgeschäft *(s. Sachtext »Freigelassene«)* – **9 agere** etc.: hist. *Infinitiv* – **10 commendātiō,** ōnis *f.:* Empfehlung – **11 adscīre:** in seine Nähe berufen

12 exsequī: bestrafen, ahnden – **13 commodāre:** gewähren, zukommen lassen – **14 paenitentia,** ae: Reue – **15 administrātiō,** ōnis *f.:* Amt, Verwaltungsposten – **16 praepōnere** + *Dat.:* einstellen für *etw., etw.* besetzen

(4) Frumenti et tributorum exactionem aequalitate munerum mollire, circumcisis quae 20 in quaestum reperta ipso tributo gravius tolerabantur. Namque per ludibrium adsidere clausis horreis et emere ultro frumenta ac luere pretio cogebantur. Divortia 25 itinerum et longinquitas regionum indicebatur, ut civitates proximis hibernis in remota et avia deferrent, donec quod omnibus in promptu erat paucis lucrosum 30 fieret.	(4) Die Eintreibung von Getreide und Steuern milderte er durch ausgewogenere Abgaben, nachdem er eingeschränkt hatte, was nur zum Gewinn erfunden war und weitaus schwerer als die Steuer selbst ertragen wurde. Denn die Britannier wurden geradezu zum Spott dazu gezwungen, vor verschlossenen (römischen) Kornspeichern zu sitzen und ihr eigenes Getreide zu einem hohen Preis zurückzukaufen. Abgelegene Wege und weit entfernte Regionen wurden ihnen (als Lieferorte) befohlen, sodass die Stämme – trotz nah gelegener römischer Winterlager! – in entlegene und unwegsame Gegenden liefern mussten, bis wirklich das, was eigentlich für alle verfügbar war, nur für wenige (römische) Beamte) gewinnträchtig wurde.

Hist. Infinitiv, PFA, Gerundium – prūdēns, iniūria, plērīque, quisque, peccātum, peccāre, venia, vel, satis, tantus

(5) Haec primo statim anno comprimendo¹⁷ <Agricola> egregiam famam paci circumdedit¹⁸, quae vel incuria vel intolerantia priorum¹⁹ haud minus quam bellum timebatur.

(6) Sed ubi aestas advenit, contracto exercitu mul-
35 tus in agmine <esse>, laudare modestiam, disiectos²⁰ coercere; loca castris ipse capere, aestuaria²¹ ac silvas ipse praetemptare²²; et nihil interim apud hostis quietum pati²³, quo minus²⁴ subitis excursibus popularetur²⁵; atque ubi satis terruerat,
40 parcendo rursus invitamenta²⁶ pacis ostentare²⁷.

(7) Quibus rebus multae civitates, quae in illum diem ex aequo egerant²⁸, datis obsidibus iram posuere²⁹ et praesidiis castellisque circumdatae, tanta ratione curaque, ut nulla ante Britanniae nova
45 pars pariter inlacessita³⁰ transierit <ad Romanos>.

17 **comprimere:** hemmen, unterdrücken – 18 **ēgregiam fāmam pācī circumdedit:** er verschaffte der Friedenszeit wieder einen hervorragenden Ruf *(im Winter wurde in der Provinz nicht gekämpft)* – 19 **priōrēs,** um *m. Pl.:* Vorgänger – 20 **disiectus,** a, um: *hier:* disziplinlos – 21 **aestuārium,** ī, Furt, Niederung – 22 **praetemptāre:** erkunden, vorher untersuchen – 23 **nihil interim apud hostīs quiētum patī:** er ließ die Feinde unterdessen nicht zur Ruhe kommen – 24 **quō minus** + *Konj.:* sondern – 25 **populārī:** verwüsten, plündern – 26 **invītāmentum,** ī: Verlockung, Anreiz – 27 **ostentāre:** vor Augen führen, deutlich zeigen – 28 **ex aequō agere:** unabhängig sein – 29 **pōnere:** *hier:* ablegen – 30 **inlacessītus,** a, um: unangefochten, unumkämpft

1. Stellen Sie tabellarisch gegenüber, welche Maßnahmen Agricola (a) im Winter und (b) im Sommer ergreift. Welche Folgen haben sie jeweils?
2. Ergänzen Sie Ihre Virtus-Tabelle (Text 10) mit den im Text enthaltenen *virtutes* und *vitia*. Sie können auch Handlungsbeschreibungen aufnehmen, wenn Ihnen der abstrakte Begriff fehlt.
3. a) Aus Tacitus' Darstellung wird implizit deutlich, was Agricola besser macht als seine Vorgänger. Arbeiten Sie aus dem Text heraus, welches Verhalten viele von ihnen offenbar in ihrem Amt zeigten und welche Konsequenzen dies für die Provinz hatte.
   b) Wechseln Sie die Perspektive und schreiben Sie die Paragraphen 2, 3 und 6 so um, dass Tacitus in ihnen die Vorgehensweise eines schlechten Statthalters beschreibt und kritisiert.

K Freigelassene am Kaiserhof

Freigelassene, d.h. ehemalige Sklaven, denen die *libertas* und damit das Bürgerrecht geschenkt worden war, konnten im Prinzipat eine große Machtfülle erringen. Viele römische Kaiser setzten ihre Freigelassenen in wichtige Positionen am Hofe ein. Das geschah nicht ohne Kalkül: Freigelassene waren weiterhin sozial abhängig von ihrem Herrn und mussten ihm als Klienten stets zu Diensten sein. Deshalb konnte ein Kaiser in ihnen besonders treue und dankbare Untergebene finden, denen er dafür Einfluss, Reichtum und Geltung verschaffte. Auch erhielten viele Freigelassene Auszeichnungen, die früher den Mitgliedern der senatorisch-ritterlichen Elite vorbehalten waren, was diese besonders erzürnte.

20. Agricola als Zivilisationsstifter? (Tac. Agr. 21: B)

Agricola geht es nicht nur um kurzfristige Geländegewinne in Britannien – doch um mehr zu erreichen, bedarf es eines gewissen Kalküls und geschickter Überzeugungsarbeit:

(1) Sequens hiems saluberrimis[1] consiliis absumpta[2]. Namque ut homines dispersi[3] ac rudes eoque in bella faciles[4] quieti et otio per voluptates adsuescerent[5], <Agricola> hortari privatim, adiuvare publice[6], ut

5   templa fora domos extruerent, laudando promptos, castigando[7] segnes. Ita honoris aemulatio pro necessitate[8] erat.

1 salūbris, e: zweckmäßig, zuträglich – **2 absūmere,** -sūmō, -sūmpsī, -sūmptum: (eine Zeit) verbringen – **3 dispersus, a, um:** verstreut, vereinzelt – **4 facilis in** + *Akk.:* geneigt/bereit zu – **5 adsuēscere** + *Dat.:* sich gewöhnen an – **6 pūblicē:** *hier:* auf Staatskosten, mit öffentlichen Mitteln – **7 castīgāre:** zurechtweisen, rügen – **8 necessitās,** ātis *f.:* Zwang

(2) Iam vero <Agricola> principum filios liberalibus artibus[9] erudire, et ingenia Britannorum studiis

10 Gallorum anteferre[10], ut, qui modo linguam Romanam abnuebant, eloquentiam concupiscerent[11]. Inde etiam habitus[12] nostri honor et frequens toga; paulatimque discessum ad delenimenta[13] vitiorum, porticus[14] et balinea[15] et conviviorum[16] elegantiam. Idque apud

15 imperitos[17] humanitas vocabatur, cum pars servitutis esset.

9 artēs līberālēs: *in etwa:* umfassende Allgemeinbildung, höhere Bildung – **10 anteferre:** *(einer Sache gegenüber einer anderen)* den Vorzug geben – **11 concupīscere:** begehren, wünschen – **12 habitus, ūs** *m.:* Kleidung(sweise) – **13 dēlēnīmentum, ī:** Verlockung, Reiz – **14 porticus, ūs** *f.:* Säulenhalle *(wo man flanierte, Leute traf und einkaufte)* – **15 balineum, ī:** Bad, Therme – **16 convīvium, iī:** Gastmahl, Gelage – **17 imperītus, a, um:** unerfahren, Laie

1   *Vor der Übersetzung:* Der Text enthält viele abstrakte Begriffe, die in einer speziellen Bedeutung verwendet werden. Recherchieren Sie zunächst mit einem Wörterbuch das Bedeutungsspektrum folgender Wörter und erschließen Sie die hier zum Kontext passende Bedeutung: § 1: consilium, otium, voluptas – § 2: studium, humanitas, servitus.

2   Weisen Sie mindestens drei Beispiele für *brevitas* sowie alle historischen Infinitive im Text nach. Zu welchem Zweck werden diese Mittel verwendet?

3   Tacitus gibt an, die beschriebenen Ereignisse hätten sich innerhalb »des folgenden Winters« (*sequens hiems,* § 1) zugetragen. Erläutern Sie, wieso das unglaubhaft ist. Welchen Eindruck möchte Tacitus erzeugen?

4 Die Übernahme römischer Zivilisation durch unterworfene Völker – verstanden als schrittweise verlaufender kultureller Anpassungsprozess – bezeichnet man als Romanisierung.
   a) Entnehmen Sie dem Text, welche Elemente der Romanisierung – d. h. welche Kernaspekte römischer Kultur – in Britannien zum Tragen kamen (lat. Belege).
   b) Eine Besonderheit an der von Tacitus beschriebenen Romanisierung Britanniens ist, dass sie die Römer in Person Agricolas selbst aktiv anstoßen. Beschreiben und deuten Sie vor diesem Hintergrund den unten abgebildeten Cartoon von George Morrow. Finden Sie Entsprechungen zum Text?
   c) Erklären Sie, wie der markante letzte Satz des Kapitels zu verstehen ist. Wie beurteilt Tacitus die Romanisierungsbemühungen seines Schwiegervaters? Wie stehen Sie selbst zu Tacitus' Aussage – gibt es auch in der heutigen Zeit kulturelle Anpassungsprozesse (erzwungene oder freiwillige), auf die die Beschreibung ›äußerlich *humanitas* – tatsächlich aber *servitus*‹ zutrifft?

MARGINAL NOTES ON HISTORY.
Agricola lecturing the Ancient Britons on the advantages of Roman civilisation.

George Morrow (1869–1955), britischer Cartoonist und Buchillustrator, 1912

Finaler Kampf am Berg Graupius

21. Kritik an Rom – Die Rede des Calgacus (Tac. Agr. 30: B)

In den folgenden Jahren dehnt Agricola das römische Einflussgebiet immer weiter aus. Ernsthaften Widerstand leisten nur noch die Caledonier (Schotten) im äußersten Norden Britanniens. Im sechsten Sommer seiner Statthalterschaft kommt es schließlich zur Entscheidungsschlacht am Mons Graupius (im heutigen Nordosten Schottlands): Agricolas Heer stehen über 30.000 Caledonier gegenüber. Ihr Anführer Calgacus feuert sie vor dem Kampf an:

(1) »Quotiens[1] causas belli et necessitatem[2] nostram intueor[3], magnus mihi animus est hodiernum diem consensumque[4] vestrum initium libertatis toti Britanniae fore. Nam et universi servitutis expertes[5]
5 \<estis\> et nullae ultra[6] terrae \<sunt\> ac ne mare quidem securum \<est\> inminente[7] nobis classe Romana. Ita proelium atque arma, quae fortibus honesta, eadem etiam ignavis tutissima sunt.

(2) Priores pugnae[8], quibus adversus Romanos varia
10 fortuna certatum est, spem ac subsidium[9] in nostris manibus habebant[8], quia nobilissimi totius Britanniae eoque[10] in ipsis penetralibus siti[11] nec ulla servientium[12] litora aspicientes, oculos quoque a contactu dominationis inviolatos[13] habebamus.

15 (3) Nos, terrarum ac libertatis extremos, recessus[14] ipse ac sinus famae[15] in hunc diem defendit: Nunc terminus Britanniae patet, atque omne ignotum pro magnifico est[16]; sed nulla iam ultra gens \<est\>, nihil nisi fluctus ac saxa, et infestiores[17] Romani, quorum
20 superbiam frustra per obsequium ac modestiam effugias.

1 **quotiēns:** so oft – 2 **necessitās,** ātis *f.*: Not-, Zwangslage – 3 **intuērī,** -tueor, -tuitus sum: betrachten, bedenken – 4 **cōnsēnsus,** ūs *m.*: Einmütigkeit – 5 **expers,** pertis + *Gen.*: frei von, unberührt von – 6 **ultrā:** *hier:* hinter uns, in unserem Rücken – 7 **inminēre:** drohen, bedrängen, lauern

8 **priōrēs pūgnae … habēbant:** »die früheren Kämpfe hatten …« = bei den früheren Kämpfen waren … – 9 **subsidium,** iī: Beistand, Schutz – 10 **eō-que:** und deshalb – 11 **in ipsīs penetrālibus sitī:** wohnhaft im Innersten der Insel – 12 **servientēs,** ium *m. Pl.*: Sklaven – 13 **inviolātus,** a, um: unbefleckt, unverletzt

14 **recessus,** ūs *m.*: Abgeschiedenheit – 15 **sinus fāmae:** der Schutz, dass es bloß Gerüchte über uns gab – 16 **prō māgnificō esse:** als etwas Großartiges/Ruhmvolles gelten – 17 **īnfēstus,** a, um: feindlich, gefährlich

Partizip, Konj. im Relativsatz – tōtus, nē … quidem, fortis, īgnāvus, varius, terminus, superbia, orbis, dēesse

(4) Raptores[18] orbis, postquam cuncta vastantibus defuere terrae, mare scrutantur[19]. Si locuples[20] hostis est, avari, si pauper, ambitiosi, quos non Oriens, non Occidens satiaverit[21]: soli omnium opes atque inopiam pari adfectu[22] concupiscunt[23]. Auferre[24] trucidare rapere falsis nominibus imperium, atque ubi solitudinem faciunt, pacem appellant.«

18 raptor, ōris *m.*: Räuber, Raubtier – **19 scrūtārī**: durchsuchen, -wühlen – **20 locuplēs,** ētis: wohlhabend, reich – **21 satiāre**: sättigen, befriedigen – **22 adfectus,** ūs *m.*: Gier, Verlangen – **23 concupīscere**: begehren, wünschen – **24 auferre**: wegschaffen, stehlen

1 *Vor der Übersetzung:* Lesen Sie den Einleitungstext und stellen Sie Vermutungen darüber an, was Calgacus zu seinem Heer kurz vor dem finalen Kampf sagen wird. Durchsuchen Sie dann den Text nach Schlüsselwörtern und Wortfeldern. Welche Punkte spricht Calgacus an?

2 Arbeiten Sie heraus, wie Calgacus die Lage der Britannier beschreibt.

3 Analysieren Sie § 4 stilistisch: Mit welchen sprachlichen Mitteln hebt Calgacus seine Meinung von den Römern hervor?

4 In Edinburgh kann man in einem Museum einen langen Prozessionsfries mit bedeutenden schottischen Persönlichkeiten abschreiten (s. Bildausschnitt). Nehmen Sie Stellung dazu, wieso (a) Calgacus aufgenommen wurde und (b) auch die Römer (!) Agricola und Tacitus neben ihm zu finden sind.

5 Ein Römer lässt einen Caledonier scharfe Kritik an den Römern vorbringen – beurteilen Sie unter Bezugnahme auf Text 19, wie Tacitus selbst zum römischen Imperialismus steht: Sind die Worte des Calgacus in Wirklichkeit die Ansichten des Autors?

6 Vergleichen Sie die Romkritik des Calgacus mit den Äußerungen des Critognatus und des Mithridates (s. folg. Doppelseite). Welche Gemeinsamkeiten und Unterschiede liegen vor?

William Hole (1898), Prozessionsfries mit 155 bedeutenden Schotten (Ausschnitt), Scottish National Portrait Gallery, Edinburgh

22. Romkritik im Vergleich

Die Rede des Critognatus (Caes. Gall. 7,77)

Im Sommer 52 v. Chr. belagert Cäsar in Alesia (Südfrankreich) die verbündeten Gallier unter Vercingetorix. In der Stadt gehen allmählich die Vorräte aus, und man berät, was zu tun sei. Im »Gallischen Krieg« gibt Cäsar die angebliche Rede des Gallierfürsten Critognatus wieder:

(1) Dieser hochangesehene Mann von höchstem avernischem Adel sagte: »Ich will über den Vorschlag jener kein Wort verlieren, die schändlichste Knechtschaft mit dem Wort ›Ergebung‹ beschönigen.

(2) Um die soll es mir gehen, die für einen Ausfall stimmen; in ihrem Vorschlag scheint nach eurem einstimmigen Urteil noch ein Abglanz der alten Tapferkeit lebendig zu sein.

(3) Es ist aber Schwäche, nicht Tapferkeit, Entbehrungen für kurze Zeit nicht zu ertragen.

(4) Was also rate ich? Zu tun, was unsere Vorfahren in dem längst nicht so schlimmen Krieg gegen die Kimbern und Teutonen getan haben: Eingeschlossen in ihre Städte und von ähnlichem Mangel gequält, hielten sie sich mit den Leibern der kriegsuntüchtigen Greise am Leben und dachten nicht an Ergebung.

(5) Und dienten sie uns nicht als Beispiel, so hielte ich es für eine Großtat, dieses Vorbild für die Freiheit zu stiften und der Nachwelt zu überliefern.

(6) Denn wo gibt es eine Ähnlichkeit mit jenem Krieg? Die Kimbern verwüsteten Gallien und suchten es schwer heim, doch verließen sie endlich unser Gebiet wieder und suchten andere Länder auf; sie ließen uns Recht, Gesetze, Felder und Freiheit unangetastet.

(7) Die Römer aber, worauf geht ihr ganzes Sinnen und Trachten denn sonst, als in ihrer Habgier das Staatsgebiet aller Völker zu besetzen und die in ewige Knechtschaft zu stürzen, von deren Ruhm und Kriegsmacht sie hören? Niemals nämlich haben sie ihre Kriege mit einem anderen Ziel geführt!«

(Übersetzung: O. Schönberger, 2013)

Der Brief des Mithridates (Sall. hist. 6)

Mithridates VI. (ca. 134–63 v. Chr.) war König in Pontos, einem Königreich Kleinasiens an der Südküste des Schwarzen Meers. Aufgrund seiner aggressiven Expansionspolitik geriet er früh in Konflikt mit den Römern und führte viele Kriege gegen sie. Im folgenden Brief lässt der Historiker Sallust Mithridates den Partherkönig Arsaces 69 v. Chr. um Beistand gegen Rom bitten (Mithridates selbst wurde soeben besiegt und ist vorerst nach Armenien geflohen):

(1) »König Mithridates grüßt König Arsaces.

(2) Für die Römer gibt es von altersher nur einen einzigen Grund, mit allen Nationen, Völkern und Königen Krieg zu führen, nämlich ihre bodenlose Gier nach Macht und Reichtum.

(3) Jetzt, so bitte ich dich, überlege, ob Du, wenn wir überwältigt sind, Dich für stärker hältst zum Widerstand oder ob Du dann das Ende des Krieges für gekommen glaubst? Ich weiß, Dir stehen bedeutende Mittel an Mannschaften, Waffen und Gold zur Verfügung, und deshalb bist du uns als Bundesgenosse, jenen aber als Beute begehrenswert.

(4) Oder weißt Du nicht, dass die Römer, nachdem gegen Westen der Ozean ihrem Vordringen Einhalt gebot, ihre Waffen hierher gewendet haben? Und dass sie von allem Anfang an nur Geraubtes besitzen, Haus, Weib, Land und Reich? Dass sie einst ein zusammengelaufenes Volk waren ohne Vaterland und Eltern, geschaffen zum Unheil der Welt; dass sie kein menschliches und kein göttliches Recht hindert, Bundesgenossen und Freunde, nah und fern Wohnende, Schwache und Mächtige auszuplündern und zu verderben, und dass sie alles, was ihnen nicht dienstbar ist, am meisten aber Königreiche, für feindlich halten?

(5) Die Römer wenden die Waffen gegen alle und am heftigsten gegen die, durch deren Niederwerfung sie die größte Beute bekommen; indem sie wagten und täuschten und Krieg an Krieg reihten, sind sie groß geworden.

(6) Infolge dieser Gewohnheit werden sie alles vernichten oder zugrunde gehen – Letzteres herbeizuführen ist nicht schwer, wenn Du von Mesopotamien, wir von Armenien ihr Heer umfassen. Dich wird der Ruhm begleiten, dass Du den großen Königen zu Hilfe gezogen bist und die Ausplünderer der Völker niedergeworfen hast.«

(Übersetzung: W. Eisenhut, 1994)

Fluch des Ruhms – Agricolas Rückkehr nach Rom

23. Ein neidischer und angstvoller Princeps (Tac. Agr. 39: B)

Die Schlacht am Mons Graupius endet in einem gewaltigen Erfolg für Agricola – laut Tacitus werden fast 10 000 Britannier getötet und die anderen in die Flucht gejagt, während die Römer nur 360 Männer verlieren. Das Resultat ist die unumschränkte Herrschaft über die Insel.

(1) Hunc rerum cursum[1], quamquam nulla verborum iactantia[2] epistulis Agricolae[3] auctum, ut erat Domitiano moris[4], fronte[5] laetus, <Domitianus> pectore anxius excepit. Inerat conscientia[6] derisui fuisse[7] nuper falsum e Germania triumphum, emptis per commercia[8], quorum habitus et crinis[9] in captivorum speciem formarentur[10]; at nunc veram magnamque victoriam tot milibus hostium caesis ingenti fama celebrari[11].

(2) Id sibi maxime formidolosum[12], privati hominis nomen supra principem attolli[13]; frustra studia fori et civilium artium decus[14] in silentium acta[15], si militarem gloriam alius occuparet; cetera[16] utcumque facilius dissimulari, ducis boni imperatoriam virtutem esse.

(3) Talibus curis exercitus[17], quodque saevae cogitationis[18] indicium erat, secreto suo satiatus[19], optimum in praesentia[20] statuit reponere odium, donec impetus[21] famae et favor[22] exercitus languesceret[23]: Nam etiam tum Agricola Britanniam obtinebat.

---

1 **rērum cursus:** Verlauf der Ereignisse – 2 **iactantia, ae:** Prahlerei, Großtuerei – 3 **epistulīs Agricolae:** in Agricolas Bericht *(an den Kaiser)* – 4 **ut erat Domitiānō mōris:** wie es Domitians Sitte war – 5 **frōns, frontis** *f.*: Stirn, äußere Fassade – 6 **inerat cōnscientia + AcI:** er war sich tief in seinem Inneren bewusst, dass – 7 **dērīsuī esse:** zum Gespött dienen – 8 **ēmptīs <servīs> per commercia:** er hatte sich im Handel Sklaven gekauft – 9 **crīnis, is** *m.*: Haar, Frisur – 10 **fōrmāre:** nachbilden, ausstaffieren – 11 **celebrāre:** feiern

12 **formīdolōsus, a, um:** angsteinflößend – 13 **attollere:** emporheben, über *etw.* stellen – 14 **cīvīlium artium decus:** ehrenvolle politische Arbeit – 15 **in silentium agere:** zum Schweigen bringen – 16 **cētera … esse:** »das Übrige könne, wie auch immer, recht leicht ignoriert werden, aber die Leistung, ein guter Feldherr zu sein, stehe allein dem Kaiser zu.«

17 **exercēre, exerceō, exercuī, exercitum:** *hier:* beschäftigen, aufwühlen, beherrschen – 18 **cōgitātiō, ōnis** *f.*: Plan, Berechnung – 19 **sēcrētō suō satiātus:** sein Geheimnis bewusst ganz allein für sich behaltend – 20 **in praesentiā:** für den Moment – 21 **impetus, ūs** *m.*: Kraft, Ansturm – 22 **favor, ōris** *m.*: Gunst, Popularität – 23 **languēscere:** nachlassen, abflauen

---

Indirekte Rede, Partizip – augēre, pectus, nūper, habitus, frūstrā, saevus, odium

1. *Vor der Übersetzung:* Der gewaltige Sieg Agricolas bildet den Hintergrund für dieses Kapitel. Gehen Sie den Text durch und finden Sie Begriffe und Ausdrücke, die zum Sachfeld »Militärischer Ruhm« gehören.

2. Weisen Sie folgende positive bzw. negative Eigenschaften im obigen Text nach (lat. Beleg):

Agricola	Domitian
Beliebtheit	Heuchelei
Kriegsruhm	Grausamkeit
Bescheidenheit	Hass
Heldenstatus	Furchtsamkeit
Militärische Kompetenz	Unterdrückung
Machtfülle	Berechnung
	Witzfigur

3. Lesen Sie die Ausführungen zu Domitians Germanenkriegen und nehmen Sie Stellung dazu, wie (a) die Darstellung des Tacitus und (b) die Münzpropaganda Domitians zu bewerten ist.

K Domitians Germanenfeldzüge

Während das Land links des Rheins seit der Zeit des Augustus unter römischer Kontrolle war, stießen die Römer jahrzehntelang nur sporadisch in die germanischen Gebiete auf der anderen Rheinseite vor. Mit Domitian begann wieder eine Phase der Expansion: 83 n. Chr. befahl er einen Feldzug gegen die Chatten, ein germanisches Volk in der Region der heutigen Bundesländer Thüringen und Hessen. Das Unternehmen wurde ein Erfolg: Domitian unterwarf den Stamm der Chatten, begann mit dem Bau des Limes (Verbindungsgrenzwall zwischen Rhein und Donau) und nahm den ehrenden Beinamen *Germanicus* (≈ »Sieger über die Germanen«) an. Vermutlich Ende 83 n. Chr. feierte er einen großen Triumph in Rom und erhielt vom Senat weitere Auszeichnungen. Zwei Jahre später sorgte ein erneuter Feldzug für eine längerfristige Absicherung: Die beiden Provinzen *Germania inferior* (Untergermanien) und *Germania superior* (Obergermanien) wurden etabliert und für lange Zeit blieb die Grenze des römischen Reichs zum großen Rest Germaniens zumindest in diesem Gebiet unverletzt. Wenig später ließ Domitian Münzen wie den rechts abgebildeten Sesterz prägen.

Sesterz, 86 n. Chr. Vorderseite: Domitian mit Lorbeerkranz, Rückseite: stehender Gefangener, sitzende Germania, am Boden Waffen, Inschrift: GERMANIA CAPTA (© bpk/Münzkabinett, SMB)

24. Rückkehr im Schutz der Nacht (Tac. Agr. 40: A/B; dt. Übersetzung)

Wie soll Domitian nun mit dem erfolgreichen Feldherrn aus Britannien umgehen? Nach außen hin wahrt der Kaiser den Schein, doch Agricola weiß, dass er nicht weiter auffallen darf:

(1) Igitur triumphalia ornamenta et inlustris statuae honorem et quidquid pro triumpho datur, multo verborum honore cumu-
5 lata, decerni in senatu iubet addique insuper opinionem, Syriam provinciam Agricolae destinari, vacuam tum morte Atili Rufi consularis et maioribus reservatam.

10 (2) Credidere plerique libertum ex secretioribus ministeriis missum ad Agricolam codicillos, quibus ei Syria dabatur, tulisse, cum eo praecepto ut, si in Bri-
15 tannia foret, traderentur; eumque libertum in ipso freto Oceani obvium Agricolae, ne appellato quidem eo ad Domitianum remeasse, sive verum istud, sive
20 ex ingenio principis fictum ac compositum est.

(1) Also befahl Domitian, dass im Senat beschlossen werde, Agricola die Triumphinsignien, eine lorbeerbekränzte Ehrenstatue und das, was sonst noch anstelle eines Triumphes gegeben wird – alles überhäuft mit vielen ehrenden Worten – zu gewähren, und er befahl, dass darüber hinaus die Meinung verbreitet werde, dass die Provinz Syrien für Agricola vorgesehen sei, die damals durch den Tod des Konsulars Atilius Rufus frei und für Höhergestellte reserviert war.

(2) Viele glaubten, ein Freigelassener aus dem kaiserlichen Geheimdienst sei zu Agricola geschickt worden und habe ein Schreiben bei sich geführt, durch das Agricola die Provinz Syria übertragen werde, und dabei habe er die Vorgabe gehabt, dieses Schreiben nur, wenn Agricola noch in Britannien sei, zu übergeben; und dieser Freigelassene sei dann aber schon im Ärmelkanal Agricola begegnet, habe ihn nicht einmal angesprochen, sondern sei direkt zu Domitian zurückgekehrt – sei es, dass diese Geschichte wahr ist, sei es, dass sie dem Wesen des Kaisers entsprechend erfunden und ausgedacht wurde.

(3) Tradiderat interim Agricola successori[1] suo provinciam quietam tutamque. Ac ne notabilis celebritate[2] et frequentia occurrentium introitus[3]
25 esset, vitato amicorum officio[4] noctu in urbem, noctu in Palatium[5], ita ut praeceptum[6] erat, venit; exceptusque brevi osculo[7] et nullo sermone turbae servientium[8] inmixtus est[9].

(4) Ceterum uti[10] militare nomen[11], grave[12]
30 inter otiosos[13], aliis virtutibus temperaret, tranquillitatem atque otium penitus[14] hausit[15],

1 successor, ōris *m.*: Nachfolger – **2 celebritās,** ātis *f.*: Feierlichkeit, Festlichkeit – **3 introitus,** ūs *m.*: Einzug, Eintreffen – **4 officium,** iī: Gefälligkeit, Aufmerksamkeit – **5 Palātium,** iī: Kaiserhof, Palast – **6 praecipere,** -cipiō, -cēpī, -ceptum: vorschreiben, befehlen – **7 ōsculum,** ī: Kuss – **8 turba servientium:** die Schar der Diener (am Kaiserhof) – **9 immiscēre,** -misceō, -miscuī, -mixtum + *Dat.*: aufnehmen, einreihen in *etw.* – **10 utī** = ut – **11 nōmen:** *hier:* Ruhm – **12 gravis,** e: unpopulär, unbeliebt – **13 ōtiōsus,** a, um: untätig; friedlich – **14 penitus:** völlig, ganz und gar – **15 haurīre,** hauriō, hausī, haustum: sich *etw.* hingeben, in sich aufnehmen

Finalsatz, Abl. abs. – trādere, interim, notābilis, frequentia, noctū, temperāre, sermō, adeō, plērīque, mōs est

cultu¹⁶ modicus, sermone facili¹⁷, uno aut altero amicorum comitatus¹⁸, adeo ut plerique, quibus magnos viros per ambitionem aestimare¹⁹ mos est,
35 viso aspectoque Agricola quaererent famam, pauci interpretarentur²⁰.

16 **cultus,** ūs *m.*: Lebensweise –
17 **facilis,** e: umgänglich –
18 **comitāri**: begleiten, umgeben –
19 **per ambitiōnem aestimāre:** *jmdn.* nach seinem Auftreten/Ehrgeiz beurteilen – 20 **interpretārī:** erklären/deuten können

1 *Vor der Übersetzung:* Wie stellen Sie sich die Rückkehr Agricolas nach Rom vor? Lesen Sie die Ausführungen über Triumphe und spekulieren Sie, wie Agricola und wie Domitian zumute gewesen sein könnte.

2 Arbeiten Sie zentrale Begriffe aus dem Text heraus, die Agricolas Rückkehr bzw. die Zeit danach charakterisieren.

3 Die Wiedergabe von Gerüchten und Andeutungen erlaubt es Tacitus, markante Charakterisierungen vorzunehmen, ohne selbst die Verantwortung zu übernehmen. Erklären Sie, wie er diese Technik in § 2 zur Anwendung bringt.

4 Informieren Sie sich auf der nächsten Doppelseite über den Unterschied zwischen Historizität und literarischer Ausgestaltung im *Agricola*. Problematisieren Sie dann die Glaubwürdigkeit des schlichten, eindeutig wirkenden Satzes zu Beginn von § 3 *(Tradiderat … provinciam)*: Welchen Eindruck erzeugt Tacitus hier von Agricola? Worauf geht Tacitus gar nicht ein – und wieso?

K Triumphe in der römischen Antike

Ein siegreicher Feldherr konnte von seinen Truppen nach der Schlacht zum *Imperator* ausgerufen werden. Zur Zeit der Republik konnte ihm der Senat in diesem Fall einen Triumph (lat. *triumphus*) gewähren, d. h. er durfte in einer großen, feierlichen Prozession in die Stadt Rom einziehen. Offiziell war ein Triumph eine sakrale Angelegenheit: Der Feldherr zog durch die ganze Stadt bis zum Tempel des *Iuppiter Optimus Maximus* auf dem Kapitol, um dort Dankopfer darzubringen und die den Göttern vor dem Abmarsch geleisteten Gelübde einzulösen.

Triumphe waren aber mit so viel Ruhm und Ansehen verbunden, dass die römischen Kaiser diese Ehre im Prinzipat für sich allein reklamierten. Rechtlich abgesichert waren sie zudem dadurch, dass seit Augustus alle Herrscher eine erweiterte militärische Kommandogewalt erhielten, das sogenannte *imperium proconsulare*. Damit waren sie ermächtigt, den Oberbefehl über alle Heere in kaiserlichen Provinzen zu führen. Wenn die dortigen Statthalter einen Sieg erkämpften, war also offiziell immer der Kaiser (auch in Abwesenheit) der siegreiche Imperator und erhielt somit den Triumph. Als Ersatz konnten erfolgreiche Feldherren aber immerhin vom Senat, natürlich nur mit expliziter Zustimmung des Kaisers, die sogenannten Triumphinsignien *(triumphalia ornamenta)* verliehen bekommen: Lorbeerkranz, mit Gold bestickte Toga, Tunika mit Palmenzweigstickereien, Ehrensessel aus Elfenbein und Elfenbeinszepter mit Adlerkopf. Außerdem konnte ihnen der Princeps etwa auch eine Statue widmen, die auf einem der zentral gelegenen Foren der Hauptstadt aufgestellt wurde.

25. Agricola: Historizität vs. literarische Ausgestaltung

Beweise für Agricolas Existenz abgesehen von Tacitus

Dank der ausführlichen Biographie des Tacitus weiß man über kaum einen anderen Konsular, Feldherrn und Statthalter der Kaiserzeit so gut Bescheid wie über Gnaeus Iulius Agricola. Abgesehen von Tacitus' Schrift ist Agricola lediglich aus der (viel später geschriebenen) *Römischen Geschichte* des Cassius Dio (ca. 163–229 n. Chr.) bekannt, wo sein Name ein paar Mal fällt, sowie aus ganz wenigen epigraphischen Zeugnissen, auf die Archäologen in England gestoßen sind. Darunter gibt es eine fragmentarische Inschrift, die belegt, dass Agricola auf dem Forum in *Verulamium* (St. Albans/Südostengland) im Jahr 79 oder 81 eine Basilika errichten ließ, sowie v. a. die abgebildete Inschrift auf einem bleiernen Wasserrohr aus der Römerzeit, das um 1900 in Chester (lat. *Deva Victrix*; Nordwestengland) gefunden wurde. Die Inschrift lautet:

Imp(eratore) Vesp(asiano) VIIII T(ito) Imp(eratore) VII co(n)s(ulibus) Cn(aeo) Iulio Agricola leg(ato) Aug(usti) pr(o) pr(aetore)

(Zu der Zeit, als) Imperator Vespasian zum neunten Mal und Imperator Titus zum siebten Mal Konsul (waren,) für Gnaeus Iulius Agricola, Gesandter des Kaisers im Rang eines Prätors.

Ein problematischer offizieller Titel

Diese beiden Inschriften sind die einzigen Belege dafür, dass es tatsächlich einen Agricola in Britannien gab. Sie überliefern zudem die exakte Amtsbezeichnung, die Agricola in seiner Funktion als Statthalter trug: *legatus Augusti pro praetore (provinciae Britanniae)*, auf dt. wörtlich: »Gesandter des Augustus (= Kaisers) im Rang eines Prätors in der Provinz Britannien«.

Warum ist das von Bedeutung? Weil auffällt, dass Tacitus entgegen der ansonsten vorherrschenden Ausführlichkeit offenbar ganz bewusst vermeidet, an irgendeiner Stelle seiner Biographie Agricolas vollständigen Titel zu nennen. Die Gründe dafür liegen auf der Hand: Der Ausdruck *legatus Augusti* macht sofort klar, dass Agricola vom *princeps* persönlich ausgesucht, ihm direkt unterstellt und damit vollkommen abhängig von ihm war. Genau diesen Eindruck kann Tacitus aber nicht gebrauchen: In seiner Biographie stellt er seinen Schwiegervater durchgehend wie einen Prokonsul aus der längst vergangenen Zeit der Republik dar, der aus eigener Machtvollkommenheit und nach eigenem Ermessen in seinem *imperium* (»Machtbereich«), d. h. seiner Provinz, schaltet und waltet.

Kalkül und Täuschung bei Tacitus

Doch dieser Eindruck täuscht. In der Realität dürfte Agricola weitaus mehr Weisungen erhalten und erst nach Absprache mit Rom gehandelt haben, als es Tacitus darstellt. Dieser Umstand wird in der Schrift, wenn überhaupt, immer nur indirekt angedeutet, wie das folgende Textbeispiel veranschaulichen kann:

Oft habe ich von ihm (= Agricola) gehört, dass Irland mit nur einer Legion und wenigen Hilfstruppen niedergekämpft und besetzt werden könne; und das würde auch in Bezug auf Britannien nützen, wenn es überall römische Waffen gebe und die Freiheit gleichsam aus dem Anblick (der Britannier) beseitigt werde. (Tac. Agr. 24, 3)

Wenn es stimmt, dass Irlands Unterwerfung zum einen so leicht gewesen wäre und zum anderen so nützlich, wie Agricola es in der Erinnerung des Tacitus oft behauptete – wieso unternahm er dann den Feldzug nicht? Die wahrscheinlichste Antwort auf diese Frage lautet: Der Kaiser in Rom hatte es ihm untersagt. Das bedeutet aber, Agricola konnte eben **nicht** beliebig tun und lassen, was er wollte.

Übertriebene Negativzeichnung Domitians

Es liegt eine Gefahr darin, Tacitus' Darstellung in allem für bare Münze zu nehmen. Insbesondere seine Schilderung der Abberufung Agricolas aus Britannien durch Domitian im Jahr 84 sollte vor diesem Hintergrund kritisch gelesen werden. Nach den Worten des Tacitus stellte die Abberufung die logische Konsequenz aus Angst, Neid und Ruhmsucht des Kaisers dar, der sich ausschließlich um sein eigenes Prestige sorgte und in Agricola einen gefährlichen Rivalen erkannte, den es auszuschalten galt. Diese psychologisierende Erklärung wirkt nur auf den ersten Blick überzeugend. Tatsächlich waren nämlich sieben Jahre als Statthalter bereits mehr als ungewöhnlich, normalerweise blieb ein Statthalter drei Jahre in einer Provinz. Das legt nahe, dass Domitian, der im Sommer 81 Kaiser wurde, als Agricola schon vier Jahre lang in Britannien war, lange Zeit überhaupt kein Problem mit Agricola hatte, ihn bewusst im Amt beließ und erst nach weiteren drei Jahren für die eigentlich überfällige Ablösung sorgte. Vor allem scheint Domitian sehr viel realistischer (geringen) Ertrag und (hohen) Aufwand der langwierigen Britannien-Feldzüge gegeneinander abgewogen zu haben: Insbesondere im kalten, felsigen und kargen Nordbritannien gab es wenig zu holen, dafür mussten aber enorme Truppenkontingente für geringe Geländegewinne und deren Absicherung eingesetzt werden. Diese Legionen (in Britannien standen permanent drei) brauchte Rom aber weitaus dringender an anderen Grenzen, etwa an der Donau und auf dem Balkan, wo Mitte der 80er-Jahre heftige Angriffe vom Volk der Daker die römischen Provinzen *Moesia* und *Pannonia* bedrohten. Dass Domitian den militärischen Fokus dorthin verlagerte, wo die Lage viel gefährlicher war, in Britannien dagegen auf die Einverleibung Schottlands ins Reich verzichtete und lediglich eine stabile Grenzsicherung anstrebte, erscheint verständlich. Übrigens revidierten seine Nachfolger diese Politik keineswegs: Vielmehr festigten sie Domitians Entscheidung durch den Bau des Hadrianswalls (122) und später des etwas weiter nördlichen Antoninuswalls (142). Besonders der Hadrianswall wurde mittelfristig zur festen Grenze des Römischen Reiches.

26. Gefährlicher Heldenstatus (Tac. Agr. 41: A)

Als erfolgreicher Ex-Statthalter und berühmter Feldherr hat es Agricola in seinem erzwungenen Ruhestand in Rom nicht einfach: Das Volk erhofft sich viel von ihm, der Kaiser dagegen beäugt ihn misstrauisch und ist empfänglich für missgünstige Einflüsterungen von außen...

(1) Crebro[1] per eos dies apud Domitianum absens accusatus, absens absolutus est[2]. Causa periculi non crimen ullum aut querela[3] laesi[4] cuiusquam <erat>, sed infensus[5] virtutibus princeps et gloria viri ac pessimum
5 inimicorum genus, laudantes[6].

(2) Et ea insecuta sunt[7] rei publicae tempora, quae sileri[8] Agricolam non sinerent: Tot exercitus in Moesia Daciaque et Germania et Pannonia[9] temeritate aut per ignaviam ducum amissi, tot militares viri[10] cum tot
10 cohortibus expugnati et capti; nec iam de limite imperii et ripa[11], sed de hibernis legionum et possessione[12] dubitatum[13]<est>.

(3) Ita cum damna damnis continuarentur[14] atque omnis annus funeribus[15] et cladibus insigniretur[16],
15 poscebatur ore[17] vulgi dux Agricola, comparantibus cunctis vigorem, constantiam et expertum[18] bellis animum <Agricolae> cum inertia et formidine aliorum.

(4) Quibus sermonibus satis constat Domitiani quoque auris verberatas[19], dum optimus quisque libertorum
20 amore et fide, pessimi malignitate[20] et livore[21] pronum[22] deterioribus principem extimulabant[23]. Sic Agricola simul suis virtutibus, simul vitiis aliorum in ipsam gloriam praeceps[24] agebatur.

---

1 crēbrō: immer wieder, wiederholt – **2 absolvere,** -solvō, -solvī, -solūtum: freisprechen – **3 querēla,** ae: Klage, Beschwerde – **4 laedere,** laedō, laesī, laesum: beleidigen, kränken – **5 īnfēnsus,** a, um: feindlich, gehässig – **6 laudantēs:** *nämlich* Beifallklatscher

7 īnsequī, -sequor, -secūtus sum: unmittelbar folgen – **8 silēre:** (ver-)schweigen – **9 Moesia, Dācia, Pannonia:** Moesien, Dakien, Pannonien *(Regionen bzw. röm. Provinzen auf dem Balkan)* – **10 mīlitārēs virī:** Offiziere – **11 līmes imperiī et rīpa:** Grenzwall und Ufergrenze des Reichs *(die mittlere und untere Donau markierte die Grenze)* – **12 possessiō,** ōnis *f.: hier:* umfassender Geländebesitz (des Römischen Reiches) – **13 dubitātum <est> dē** + *Abl.: etw.* war in Gefahr, stand auf dem Spiel

14 cum damna damnīs continuārentur: als sich Niederlage an Niederlage reihte – **15 fūnus,** eris *n.:* Bestattung, Begräbnis – **16 īnsīgnīre:** kennzeichnen, brandmarken – **17 ōs,** ōris *n.:* Mund – **18 expertus,** a, um: erfahren, bewährt

19 verberārī + *Abl.:* schmerzvoll von *etw.* getroffen werden, *etw.* ertragen müssen – **20 malīgnitās,** ātis *f.:* Böswilligkeit – **21 līvor,** ōris *m.:* Missgunst – **22 prōnus,** a, um **dēteriōribus:** stets zum Schlechteren neigend – **23 extimulāre:** aufstacheln, aufhetzen – **24 praeceps,** cipitis: Hals über Kopf, blindlings

---

Passiv, Partizip, relat. Satzanschluss, Steigerung – absēns, crīmen, quisquam, quisque, hīberna, pessimus, tot, simul

1. *Vor der Übersetzung:* Suchen Sie möglichst viele abstrakte Wertbegriffe bzw. Charaktereigenschaften im lateinischen Text. Leiten Sie daraus ab, worum es grob im Text geht.
2. Weisen Sie nach, dass der Text von passiven Verbformen dominiert wird. Beschreiben Sie dann anhand konkreter Textstellen, welchen Eindruck Tacitus auf diese Weise erzeugt. Inwiefern nutzt er das Passiv zur Darstellung Agricolas?
3. In diesem Kapitel tauchen auf engem Raum viele Aspekte auf, die für das Verständnis des *Agricola* und Tacitus' Darstellungsabsichten eine wichtige Rolle spielen. Weisen Sie die folgenden Punkte im Text nach (lat. Belege):
   a) großer Ruhm ist gefährlich
   b) die Menschen lieben Agricola
   c) der Kaiser hasst bedeutsame Leistungen anderer
   d) nur Agricola hat militärische Kompetenz
   e) Domitian hört nur auf seine Höflinge
   f) der Römische Staat ist in großer Gefahr
   g) Agricola ist stets rechtschaffen und unbescholten
   h) Heuchelei ist in Rom allgegenwärtig
4. Belegen Sie die folgenden sprachlichen Phänomene im obigen Text:
   a) kontrastive Ausdrucksweise
   b) abstrakte Ausdrucksweise
   c) gewählte/unübliche Ausdrucksweise
   d) variierender Ausdruck/Inkonzinnität (Tipp: § 2/4).

27. Mäßigung als Schlüssel (Tac. Agr. 42: A; dt. Paraphrase)

Obwohl ihm Agricola ein Dorn im Auge ist, ist Domitian klug genug, den beim Volk beliebten Konsular nicht einfach zu verbannen oder hinzurichten. Nach außen hin hält er ihn deshalb in Ehren, sucht aber insgeheim nach Wegen, Agricola auszuschalten…

(1) Aderat iam annus, quo proconsulatum Africae et Asiae sortiretur, et occiso Civica nuper nec Agricolae consilium deerat nec Domitiano exemplum. Accessere quidam cogitationum principis periti, qui iturusne esset in provinciam ultro Agricolam interrogarent. Ac primo occultius quietem et otium laudare, mox operam suam in adprobanda excusatione offerre, postremo non iam obscuri suadentes simul terrentesque pertraxere ad Domitianum.

Als Agricola einige Jahre später an der üblichen Verlosung der Statthalterschaft in den beiden wichtigsten senatorischen Provinzen Africa und Asia teilnehmen sollte, war er schon gewarnt genug durch die von Domitian veranlasste Ermordung des vorherigen Prokonsuls Asias, C. Vettulenus Civica. Dann kamen auch noch Vertraute des Kaisers zu ihm und erkundigten sich, ob er denn wirklich wieder in eine Provinz wolle. Sie lobten erst noch unauffällig seine Zurückhaltung in der Öffentlichkeit, wollten ihm dann dabei helfen, Domitian seine Ablehnung einer Statthalterschaft zu überbringen, aber zuletzt brachten sie ihn durch unverstellte Ratschläge und offenes Drohen dazu, persönlich vor Domitian zu erscheinen.

(2) Qui paratus simulatione, in adrogantiam compositus, et audiit preces excusantis, et, cum adnuisset, agi sibi gratias passus est, nec erubuit beneficii invidia. Salarium tamen prosonsulare solitum offerri et quibusdam a se ipso concessum Agricolae non dedit, sive offensus non petitum, sive ex conscientia, ne quod vetuerat videretur emisse.

Domitian spielte das verlogene Spiel mit: Er vernahm in geheuchelter Herablassung Agricolas Bitte, auf eine Provinz verzichten zu dürfen, gewährte sie gnädig, ließ sich Dank aussprechen und errötete nicht einmal über seine Niedertracht. Normalerweise wurde der Lohn für das Prokonsulat in solchen Fällen trotzdem ausbezahlt – auch schon von Domitian selbst –, aber Agricola bot er das nicht an, vielleicht beleidigt, weil er nicht auch darum gebeten wurde, vielleicht auch aus dem Bewusstsein heraus, dass es so ausgesehen hätte, als hätte er sich Agricolas Verzicht erkauft.

(3) Proprium¹ humani ingenii est odisse, quem laeseris². Domitiani vero natura praeceps³ in iram, et quo obscurior, eo inrevocabilior⁴, moderatione tamen prudentiaque Agricolae leniebatur⁵, quia non contumacia⁶ neque inani iactatione⁷ libertatis famam fatumque⁸ provocabat⁹.

1 proprium est + *Gen.*: es ist eine Eigenart von *etw.*, es ist charakteristisch für *etw.* – **2 laedere**, laedō, laesī, laesum: beleidigen, kränken – **3 praeceps**, cipitis: blindlings, hitzig – **4 quō obscūrior, eō inrevocābilior**: je verborgener, desto unerbittlicher – **5 lēnīre**: (be-)sänftigen, beschwichtigen – **6 contumācia**, ae: Störrigkeit, Trotz – **7 inānis iactātiō**, ōnis *f.*: nutzloses Lobpreisen, eitle Prahlerei – **8 fātum**, ī: Verhängnis, Untergang – **9 prōvocāre**: herausfordern

(4) Sciant, quibus moris est inlicita mirari, posse etiam sub malis principibus magnos viros esse, obsequiumque ac modestiam, si industria ac vigor adsint, eo laudis excedere, quo plerique per abrupta, sed in nullum rei publicae usum ambitiosa morte inclaruerunt.

Wer bewundert, wenn andere Unerlaubtes tun, sollte wissen, dass man auch unter einem schlechten Herrscher ein großer Mann sein kann. Auch Gehorsamkeit und Mäßigung können, wenn Fleiß und Tatkraft dazukommen, so viel Lob verdienen, wie es viele bekommen, die ohne jeden Nutzen für den Staat durch einen nur auf Außenwirkung abzielenden Tod berühmt geworden sind.

1 Überprüfen Sie den Bezug zwischen lateinischem und deutschem Text: Wie genau entspricht die deutsche Paraphrase dem lateinischen Originaltext?

2 Erklären Sie, inwiefern §§ 1–2 geradezu filmreifen Charakter besitzen. Wie erreicht Tacitus diese große Anschaulichkeit?

3 Tacitus' Appell an seine Leser am Ende ist erstaunlich direkt. Lesen Sie zum besseren Verständnis zunächst erneut den Infotext »Opposition durch Philosophie« (S. 27). Nehmen Sie dann Stellung zu den folgenden Punkten:
   a) Verkörpert Agricola das Idealbild *(exemplum)* eines römischen Konsulars, das Tacitus aus ihm machen möchte? Oder muss er aufgrund seines Verhaltens (vgl. § 3) nicht eher als Opportunist gelten?
   b) Handelt jemand, der einem »schlechten« Herrscher aktiv Widerstand leistet und zur Not für seine Überzeugung in den Tod geht, auch in Ihren Augen eigensüchtig *(ambitiosa morte)* und nutzlos für das Gemeinwesen *(in nullum rei publicae usum)*?

28. Große Männer in schwierigen Zeiten (Tac. Ann. 4,20,2 f.: B)

Auch in den Annalen reflektiert Tacitus oft über das richtige Verhalten im Prinzipat. So kommt er etwa auf Marcus Aemilius Lepidus (ca. 30 v. Chr. – 33 n. Chr.) zu sprechen. Lepidus war Konsul (6 n. Chr.), Statthalter in mehreren Provinzen und Kommandeur großer Heere. Trotz seiner hohen politischen Ämter und Positionen geriet er offenbar nicht in den kleinsten Konflikt mit Kaiser Tiberius – und das, obwohl er sich sogar im Senat vehement dagegen aussprach, gegenüber dem Kaiser respektlose Dichter zu bestrafen. Tacitus gibt seine Einschätzung zu diesem bemerkenswerten Mann:

(1) Hunc ego Lepidum temporibus illis gravem et sapientem virum fuisse comperior[1]. Nam pleraque ab saevis adulationibus[2] aliorum in melius flexit[3]. Neque tamen temperamenti[4] egebat,
5 cum aequabili[5] auctoritate et gratia apud Tiberium viguerit[6].

(2) Unde[7] cogor dubitare,
utrum principum inclinatio[8] in hos,
offensio[9] in illos fato et sorte nascendi pendeat[10],
10 an sit aliquid in nostris consiliis liceatque inter abruptam[11] contumaciam[12] et deforme[13] obsequium pergere iter[14] ambitione ac periculis vacuum.

1 **comperīrī**, -perior, -pertus sum: in Erfahrung bringen – 2 **saeva adūlātiō**: *hier etwa:* grausamer Vorschlag, der nur vorgebracht wurde, um sich beim Kaiser einzuschmeicheln – 3 **in melius flectere**, flectō, flexī, flexum: zu einem besseren Ende führen – 4 **temperāmentum, ī**: Mäßigung – 5 **aequābilis, e**: in gleichem Maß ausgeprägt – 6 **vigēre**, vigeō, viguī: Einfluss haben – 7 **unde**: daher, deshalb – 8 **inclīnātiō, ōnis** *f.*: Zuneigung – 9 **offēnsiō, ōnis** *f.*: Abneigung – 10 **pendēre** + *Abl.*: abhängen von *etw.* – 11 **abruptus, a, um**: schroff, aufsässig – 12 **contumācia, ae**: Störrigkeit, Trotz – 13 **dēfōrmis, e**: erniedrigend, entwürdigend – 14 **iter, itineris** *n.* **pergere**: einen Weg beschreiten

1 *Vor der Übersetzung:* Erschließen Sie die zum Kontext passende Bedeutung folgender abstrakter Ausdrücke: § 1: gravis, auctoritas, gratia – § 2: consilium, ambitio.
2 Vergleichen Sie die Wirkung, die Lepidus' Mäßigung erzielt, mit derjenigen von Agricolas Mäßigung im vorherigen Text – erreichen beide dadurch ein ähnliches Verhältnis zum Kaiser?
3 Im zweiten Absatz formuliert Tacitus eine indirekte Doppelfrage, die er nicht klar beantwortet. Geben Sie selbst eine Antwort: Wie könnte der von Tacitus skizzierte *iter* (Weg) konkret aussehen?
4 Lesen Sie die Ausführungen über Roland Jahn. Nehmen Sie dann Stellung:
   a) Lässt sich Jahns These, dass es nötig sei, zwischen den Etiketten Täter – Opfer – Mitläufer schärfer zu differenzieren, auch auf Agricolas Leben übertragen?
   b) Als wie »angepasst« würden Sie Agricola nach Jahns Kategorien beschreiben?
   c) Hatte Agricola auch einen »Spielraum« für seine Anpassung? Falls ja, hat er ihn genutzt?
   d) Worin genau lag der »Preis«, den Agricola für seine Anpassung zu zahlen hatte?

Roland Jahn: Anpassung in einer Diktatur

Roland Jahn (geb. 1953 in Jena) war Bürgerrechtler und Oppositioneller in der DDR und wurde 1983 als Dissident zwangsausgebürgert, nachdem er bereits zuvor jahrelang schikaniert und seiner beruflichen Zukunft beraubt worden war. Seit 2011 leitet er die Stasiunterlagenbehörde BStU (»Gauck-Behörde«), die die Akten des ehemaligen Staatssicherheitsdienstes der DDR wissenschaftlich erforscht und der Öffentlichkeit zur Verfügung stellt.

In seinem autobiographisch geprägten Buch »*Wir Angepassten. Überleben in der DDR*« (2014) fragt er nach den Bedingungen, unter denen Menschen in der DDR gelebt haben. Dort heißt es zu Beginn:

»*Niemand will ein Anpasser sein. Und doch haben wir es alle getan. Und tun es noch. Damals und heute. […] ›Anpassung‹ ist die Haltung, die für mich den Alltag unter den Bedingungen einer Diktatur stark geprägt hat. […] Es ist ein vielschichtiges Verhalten, stetig gefangen in einer Dynamik zwischen der Abwägung der Kosten oder dem Nutzen des Anpassens und der Kosten oder dem Nutzen des Widersprechens.*« (S. 13 f.)

Jahn erklärt dann, dass die Einordnungen »Täter«, »Opfer« und »Mitläufer« das Leben der meisten Menschen im Unrechtsstaat DDR nicht treffend genug beschreiben. Zudem gebe es keinerlei allgemeingültigen Maßstab für das ›richtige‹ Verhalten in einer Diktatur, sondern immer nur individuelle Entscheidungen vor ganz speziellen Hintergründen. Er fährt fort:

»*Menschen haben auch ein Recht auf Anpassung. Anpassung, das klingt nicht wirklich heldenhaft. Aber war es nicht der Weg, den die meisten für sich wählten? Man muss doch nicht mit dem Kopf gegen die Wand rennen. War das nicht vernünftig, zum Wohle der Familie und des eigenen Lebensglücks? Wer darf das verurteilen? Anpassung ist seit Menschengedenken überlebenswichtig. Die Art und Weise, wie wir uns anpassen, und das Maß der Anpassung in der jeweiligen Situation aber sind variabel. Jeder, der sich anpasst, hat auch einen Spielraum. Und es gibt viele Formen der Anpassung, von Schweigen bis Anbiederung. Aber Anpassung hatte eben auch einen Preis. Sie hat denjenigen, die von Staats wegen Unrecht begangen haben, zur Legitimation gedient.*« (S. 19)

In Form von losen, nicht systematischen Episoden erläutert Jahn dann einzelne Mechanismen zwischen Anpassung und Widerstand differenzierter und benutzt dafür die folgenden Kategorien:

- **Entscheiden:** Weichen stellen für das Leben
- **Eintakten:** Fröhlich sein und singen [→ bei den Jungen Pionieren und der FDJ]
- **Schweigen:** Die Sorge, erkannt zu werden
- **Gewöhnen:** Was bleibt uns anderes übrig?
- **Mitlaufen:** Es lebe der 1. Mai! [→ Paraden am ›Kampftag der Arbeiterklasse‹]
- **Unterordnen:** Es war doch Pflicht
- **Mitmachen:** Anerkennung für geleistete Arbeit [→ offizielle Auszeichnungen]
- **Angst überwinden:** Die Folgen außer Acht lassen
- **Widersprechen:** Der Preis des Handelns
- **Erinnern:** Bekenntnis zur Biografie

Roland Jahn, Wir Angepassten. Überleben in der DDR, Ungekürzte Taschenbuchausgabe 2015, Piper Verlag GmbH, München/Berlin 2014

29. Tod und Schmierentheater (Tac. Agr. 43 A; dt. Übersetzung)

Selbst am Ende seines Lebens wird Agricola laut Tacitus zur unfreiwilligen Hauptfigur in einem entwürdigenden Schauspiel des niederträchtigen Kaisers:

(1) Finis vitae eius nobis luctuosus[1], amicis tristis, extraneis[2] etiam ignotisque non sine cura[3] fuit. Vulgus quoque et hic aliud agens populus et ventitavere[4] ad domum et per fora et circulos[5] locuti sunt;

5 nec quisquam audita morte Agricolae aut laetatus est aut statim oblitus.

1 lūctuōsus, a, um: tieftraurig, jammervoll – **2 extrāneus,** ī: Außenstehender – **3 cūra,** ae: *hier:* Anteilnahme – **4 ventitāre:** häufig kommen – **5 circulus,** ī: Gesprächsrunde, kleine Gruppe

(2) Augebat miserationem constans rumor veneno interceptum – nobis nihil comperti adfirmare
10 ausim. Ceterum per omnem valetudinem eius crebrius, quam ex more principatus per nuntios visentis, et libertorum primi et medicorum intimi venere, sive
15 cura illud, sive inquisitio erat.

(2) Das Mitgefühl wurde noch durch das hartnäckige Gerücht vermehrt, dass Agricola durch einen Giftanschlag Domitians umgekommen sei – ich habe nichts <so> Sicheres erfahren, dass ich es zu bestätigen wagte. Es kamen aber während seiner ganzen Krankheit häufiger, als es Kaiser normalerweise veranlassen, sowohl die wichtigsten Freigelassenen als auch die engsten Leibärzte Domitians zu Agricola, sei es aus Sorge um ihn oder sei es, um ihn zu überwachen.

(3) Supremo quidem die momenta ipsa deficientis per dispositos cursores nuntiata constabat, nullo credente sic adcele-
20 rari, quae tristis audiret. Speciem tamen doloris habitu vultuque prae se tulit, securus iam odii et qui facilius dissimularet gaudium quam metum.

(3) An seinem letzten Tag jedenfalls, das stand fest, wurden selbst die einzelnen Phasen seines Sterbens durch vorher bereitgestellte Kuriere an Domitian gemeldet – niemand glaubte, dass Domitian auf diese Weise schneller an Nachrichten gelangen wollte, weil er so *traurig* über sie war. Er trug jedoch in Haltung und Miene den Anschein von Schmerz, endlich von seinem Hass auf Agricola befreit und weil er leichter seine Freude über Agricolas Tod als zuvor seine Furcht vor Agricolas Ruhm verbergen konnte.

25 (4) Satis constabat lecto testamento Agricolae, quo coheredem optimae uxori et piissimae filiae Domitianum scripsit, laetatum eum velut honore iudicio-
30 que. Tam caeca et corrupta mens adsiduis adulationibus erat, ut nesciret a bono patre non scribi heredem nisi malum principem.

(4) Es stand ausreichend fest, dass sich Domitian bei der Verlesung von Agricolas Testament, in dem dieser als Miterben neben »der besten Gattin« und »der liebevollsten Tochter« auch Domitian eingesetzt hatte, freute wie über eine vermeintlich anerkennende Ehrbezeugung von Agricola. So blind und verdorben war Domitians Verstand durch die ständigen Schmeicheleien, dass er nicht wusste, dass von einem guten Vater nur ein schlechter Kaiser als Erbe eingesetzt wird.

Deponentien, Abl. abs. – īgnōtus, vulgus, quoque, loquī, quisquam, oblīvīscī

1 Übersetzungsanalyse:
   a) Markieren Sie im lateinischen und deutschen Text (§ 2–4) die Eigennamen »Agricola« und »Domitian«. Was fällt auf?
   b) Erklären Sie den Unterschied. Worauf scheint es Tacitus anzukommen, worauf wurde in der deutschen Wiedergabe Wert gelegt?
   c) Beurteilen Sie dieses Vorgehen anhand einzelner, konkreter deutscher Textstellen: Handelt es sich in Ihren Augen um notwendige Präzisierungen, entbehrliche Ergänzungen oder unerlaubte Deutungen?
2 Der letzte Absatz (§ 4) wirkt inhaltlich etwas überraschend – stellen Sie eine Vermutung darüber an, wieso Agricola Domitian neben Frau und Tochter testamentarisch zum Miterben bestimmt. Was erhoffte er sich wohl?
3 Zeigen Sie, dass Tacitus den kompletten Bericht über Agricolas Tod konsequent zu einer immer drastischeren Anklage Domitians ausgestaltet. Achten Sie dabei besonders auf das Zusammenspiel zwischen (vermeintlichen) Fakten, Gerüchten/Meinungen und Tacitus' eigenen Interpretationen.
4 Tacitus unterstellt Domitian unter anderem Heuchelei (lat. *simulatio*).
   a) Definieren Sie zunächst, was Sie unter Heuchelei genau verstehen.
   b) Erklären Sie mithilfe des abgebildeten Cartoons, welches Problem beim Erkennen von heuchlerischem Verhalten oft vorliegt. Wie verhält es sich bei Domitian?
   c) Nehmen Sie Stellung: Kann Heuchlerei nur als Sünde oder auch als unverzichtbarer Bestandteil des täglichen Miteinanders gesehen werden? Wann haben Sie ggf. zum letzten Mal selbst heuchlerisch gehandelt? Wie bewerten Sie Ihr Verhalten?

Comic, Heucheln für Anfänger (© Joscha Sauer, Nichtlustig.de)

Der Epilog: Nachruf und Nachwirkung

30. Ein in jeder Hinsicht glücklicher Mann (Tac. Agr. 44; dt. Übersetzung)

Nachdem Agricolas Geschichte bis zum Ende erzählt ist, widmet sich Tacitus einem abschließenden Rückblick auf das Leben seines Schwiegervaters:

(1) Natus erat Agricola Gaio Caesare tertium consule idibus Iuniis; excessit quarto et quinquagesimo anno, decimum kalendas Septembris Collega Priscinoque consulibus.

(2) Quod si habitum quoque eius posteri noscere velint, decentior quam sublimior fuit; nihil impetus in vultu; gratia oris supererat. Bonum virum facile crederes, magnum libenter.

(3) Et ipse quidem, quamquam medio in spatio integrae aetatis ereptus, quantum ad gloriam, longissimum aevum peregit. Quippe et vera bona, quae in virtutibus sita sunt, impleverat, et consulari ac triumphalibus ornamentis praedito quid aliud adstruere fortuna poterat?

(4) Opibus nimiis non gaudebat, speciosae contigerant. Filia atque uxore superstitibus potest videri etiam beatus incolumi dignitate, florente fama, salvis adfinitatibus et amicitiis futura effugisse.

(1) Geboren wurde Agricola am 13. Juni 40, in dem Jahr, in dem Caligula zum dritten Mal Konsul war; er starb mit 53 Jahren, am 23. August 93 im Konsulat des Collega und des Priscinus.

(2) Wenn die Nachwelt auch über seine äußere Erscheinung Bescheid wissen möchte: Er war eher wohlproportioniert als von hochgewachsener Statur; keinerlei Ungestüm lag in seinem Blick; Freundlichkeit sprach aus seinen Gesichtszügen. Man hätte ihn leicht für einen guten Mann gehalten – und gern für einen großen.

(3) Und er selbst, obwohl er mitten aus der Bahn eines blühenden Lebens gerissen wurde, führte auch, was seinen Ruhm anbelangt, ein äußerst langes Dasein. Er hatte ja auch die wahrhaften Güter, die in den *virtutes* liegen, in vollem Umfang erreicht – und was sonst hätte ihm, der mit der Konsulswürde und den Triumphinsignien ausgezeichnet worden war, das Schicksal noch geben können?

(4) Aus übermäßigen Geldmitteln machte er sich nichts, ansehnliche waren ihm zugefallen. Da ihn Tochter und Ehefrau überlebten, konnte er angesichts der Tatsache, dass seine Würde unverletzt, sein Ruhm ungebrochen und seine persönlichen wie geschäftlichen Beziehungen unbeschädigt waren, sogar glücklich darin scheinen, den zukünftigen Ereignissen entkommen zu sein.

(5) Nam sicut ei non licuit durare in hanc beatissimi saeculi lucem ac principem Traianum videre, quod augurio votisque apud nostras auris ominabatur, ita festinatae mortis grande solacium tulit evasisse postremum illud tempus, quo Domitianus non iam per intervalla ac spiramenta temporum, sed continuo et velut uno ictu rem publicam exhausit.

(5) Denn zwar war es ihm nicht vergönnt, den jetzigen Glanz unseres segensreichen Zeitalters zu erleben und als Princeps Trajan zu sehen, was er in unserer Gegenwart oft in Form von Vorahnungen und Wünschen prophezeite, aber er trug darin großen Trost für seinen verfrühten Tod davon, dass er der folgenden Zeit entkam, in der Domitian nicht mehr nur in Abständen und mit Atempausen, sondern permanent und gleichsam mit einem Schlag den Staat zunichte machte.

1. Gliedern Sie das Kapitel und versehen Sie die einzelnen Abschnitte mit Überschriften.
2. Arbeiten Sie heraus, welche Partien des Texts zu einer Biographie im engeren Sinne gehören und welche darüber hinausgehen. Nehmen Sie Stellung dazu, wie Tacitus die Gattungsgrenzen erweitert (s. S. 12 f.).
3. In § 3 ist die Übersetzung des lateinischen Wortes *virtutes* bewusst offen gelassen. Entscheiden Sie sich zunächst begründet für eine treffende deutsche Wiedergabe (z. B. auf Basis Ihres Wortnetzes zu *virtus*) und resümieren Sie dann, welche einzelnen *virtutes* Agricola laut Tacitus auszeichneten.
4. Im Text gibt Tacitus einen zwar nicht umfangreichen, aber doch recht präzisen Eindruck vom Aussehen seines Schwiegervaters. Vergleichen Sie diesen mit den zwei unten abgebildeten neuzeitlichen Statuen Agricolas aus Bath und Fréjus. Entsprechen Sie Tacitus' Darstellung?

Statue des Agricola in den römischen Thermen in Bath (Südwestengland), G.A. Lawson 1894

Statue des Agricola auf der »Place Agricola« in Fréjus (Südostfrankreich); J-M. Luccerini, ca. Mitte des 20. Jh. (© Axel Aldeguer)

31. Apostrophe eines Toten (Tac. Agr. 45: A/B; dt. Übersetzung)

Was bedeutet es, dass Agricolas verfrühter Tod in Wirklichkeit sein Glück gewesen sei? In einer bitteren Klage erläutert Tacitus, der aufgrund einer längeren Abwesenheit aus Rom nicht selbst dabei sein konnte, als Agricola starb, seine Ansicht:

(1) Non vidit Agricola obsessam curiam et clausum armis senatum et eadem strage¹ tot consularium caedes, tot nobilissimarum feminarum exilia et fugas. Una² adhuc victoria Carus Mettius censebatur, et intra
5 Albanam arcem sententia Messalini strepebat, et Massa Baebius iam tum reus erat.
Mox nostrae duxere Helvidium³ in carcerem⁴ manus; nos Maurici Rusticique³ visus⁵ <perfudit⁶>, nos innocenti sanguine Senecio³ perfudit.

10 (2) Nero tamen subtraxit⁷ oculos suos iussitque scelera, non spectavit. Praecipua⁸ sub Domitiano miseriarum pars erat videre et aspici, cum suspiria⁹ nostra subscriberentur¹⁰; cum¹¹ denotandis tot hominum palloribus sufficeret saevus ille vultus et
15 rubor, quo se contra pudorem muniebat¹¹.

(3) Tu vero felix, Agricola, non vitae tantum claritate, sed etiam opportunitate¹² mortis! Ut perhibent¹³, qui interfuere novissimis¹⁴ sermonibus tuis, constans et libens¹⁵ fatum excepisti, tamquam pro virili portione
20 innocentiam principi donares¹⁶.

1 **strāgēs**, is *f.*: Vernichtung(sschlag) – 2 **Ūna … erat**: Erst infolge einer einzigen erfolgreichen Anklage hatte man Carus Mettius damals kennengelernt, nur innerhalb Domitians Villa in den Albaner Bergen erklangen die Anträge des Messalinus und Massa Baebius war damals noch selbst Angeklagter. (→ Namensverzeichnis) – 3 **Helvidius, Mauricus, Rusticus, Senecio**: → Namensverzeichnis – 4 **carcer**, eris *m.*: Gefängnis, Kerker – 5 **vīsus**, ūs *m.*: Anblick – 6 **perfundere**: *hier*: beflecken

7 **subtrahere**, -trahō, -trāxī, -tractum: abwenden – 8 **praecipuus**, a, um: der besondere – 9 **suspīrium**, iī: Seufzen *(als Zeichen der Beklemmung/Fassungslosigkeit)* – 10 **subscrībere**: *hier*: heimlich aufzeichnen, vermerken – 11 **cum dēnotandīs … mūniēbat**: als sein jähzorniges, stark gerötetes Gesicht, mit dem er sich gegen jede Scham wappnete, schon ausreichte, um die Gesichter so vieler Menschen mit Angstblässe zu überziehen – 12 **opportūnitās**, ātis *f.*: rechter Zeitpunkt – 13 **perhibēre**: angeben, sagen – 14 **novus**, a, um: *hier*: der letzte – 15 **libēns**: bereitwillig, aufgeräumt – 16 **tamquam … dōnārēs**: so als ob du dem Kaiser in mannhafter Art Schuldlosigkeit verschaffen wolltest

(4) Sed mihi filiaeque eius praeter acerbitatem parentis erepti auget maestitiam, quod adsidere valetudini, fovere deficien-
25 tem, satiari vultu complexuque non contigit. Excepissemus certe mandata vocesque, quas penitus animo figeremus.

(4) Aber abgesehen von dem bitteren Schmerz über den uns entrissenen Vater vermehrt es mir und seiner Tochter die Traurigkeit, dass wir nicht an seinem Krankenbett sitzen konnten, den Dahinschwindenden nicht hegen und pflegen und seinen Anblick sowie seine Umarmung nicht mehr genießen konnten. Wir hätten sicher Weisungen und Äußerungen gehört, die uns tief im Herzen haften würden.

Partizip; Superlativ – tot, mox, manus, iubēre, fēlīx, interesse, dolor, vulnus, parēns, uxor

(5) Noster hic dolor, nostrum vulnus, nobis tam longae absentiae condicione¹⁷ ante quadriennium¹⁸ amissus est. Omnia sine dubio, optime parentum, adsidente amantissima uxore superfuere¹⁹ honori tuo; paucioribus tamen lacrimis compositus es²⁰, et novissima in luce²¹ desideravere²² aliquid oculi tui.

17 condiciōne + *Gen.*: aufgrund von *etw.* – **18 ante quadriennium**: vor vier Jahren – **19 superesse** + *Dat.*: reichlich (*für etw.*) vorhanden sein – **20 compōnere**: beisetzen, bestatten – **21 novissimā in lūce**: in deinem letzten Augenblick – **22 dēsīderāre**: *etw.* vermissen

1 *Vor der Übersetzung:* Markieren Sie im Text alle Personal- und Possessivpronomina sowie Verbformen der ersten und zweiten Person im Singular und Plural. Welche Schlüsse lassen sich daraus über den Inhalt ableiten?
2 Aus dem ersten Paragraphen spricht enorme Verbitterung, aber auch ein schlechtes Gewissen. Erklären Sie beides mithilfe des Infotexts unten in eigenen Worten.
3 Arbeiten Sie heraus, wo (und wieso) der Tonfall im Text abrupt wechselt (lat. Belege).
4 Tacitus bedauert u. a., dass er keine Gelegenheit mehr hatte, am Krankenbett seines Schwiegervaters kluge und erinnerungswürdige Ratschläge und Aussprüche zu vernehmen (§ 4). Was hätte Agricola ihm wohl zu sagen gehabt? Versetzen Sie sich in Agricola hinein und formulieren Sie mindestens drei Lebensweisheiten, die er Tacitus vielleicht mitgegeben hätte.

K Delatoren im Prinzipat

Etwa in der Regierungszeit des Tiberius entwickelte sich ein völlig neuer Berufsstand in Rom, die Delatoren. Als *delator* (von lat. *deferre* = überbringen, anzeigen) wurde ein gewerbsmäßiger Denunziant bezeichnet, d. h. jemand, der dem Herrscherhaus unliebsame oder verdächtige Personen der Majestätsbeleidigung oder des Hochverrats anzeigte und nach erfolgter Verurteilung einen Teil der Strafe bzw. des eingezogenen Vermögens als Lohn erhielt. So ließ sich also nicht nur die Gunst des Kaisers erwerben, sondern auch viel Geld verdienen; viele Delatoren machten auf diese Weise Karriere und waren dementsprechend mächtig und gefürchtet. Unter Domitian sorgten v. a. Carus Mettius, Catullus Messalinus und Massa Baebius für Angst und Schrecken. Zum Teil klagte aber auch schlicht ein Senator aus Karrieregründen einen anderen an, wie etwa Publicius Certus, der den jüngeren Helvidius Priscus 93 n. Chr. vor den Senat bringen, wegen angeblicher Majestätsbeleidigung verurteilen und hinrichten ließ.

32. Die Gestalt des Geistes ist ewig (Tac. Agr. 46: A/B; dt. Paraphrase)

Im letzten Kapitel seines Werks beschäftigt sich Tacitus mit der Frage, wie man des toten Agricola künftig am besten gedenken sollte und was von seinem Schwiegervater bleibt:

(1) Si quis piorum manibus locus, si, ut sapientibus placet, non cum corpore extinguuntur magnae animae, placide quiescas, nosque domum tuam ab infirmo desiderio
5 et muliebribus lamentis ad contemplationem virtutum tuarum voces, quas neque lugeri neque plangi fas est.

(2) Admiratione te potius et laudibus et, si natura suppeditet, similitudine colamus: is
10 verus honos, ea coniunctissimi cuiusque pietas.

(3) Id filiae quoque uxorique praeceperim, sic patris, sic mariti memoriam venerari, ut omnia facta dictaque eius secum revolvant,
15 formamque ac figuram animi magis quam corporis complectantur, non quia intercedendum putem imaginibus, quae marmore aut aere finguntur, sed ut vultus hominum, ita simulacra vultus imbecilla ac mortalia
20 sunt, forma mentis aeterna, quam tenere et exprimere non per alienam materiam et artem, sed tuis ipse moribus possis.

(1) Weise Menschen behaupten, eine große Seele lebt auch ohne Körper weiter – wenn das stimmt, dann ruhe in Frieden, Agricola, mache unserer übermäßigen Trauer ein Ende und sorge dafür, dass wir lieber auf deine *virtutes* schauen, worüber zu trauern nicht statthaft ist.

(2) Wir wollen dir Bewunderung, Lob und Nachahmung zuteil werden lassen, so gut wir können – so ehrt man einen lieben Verwandten!

(3) Auch Tochter und Gattin sollen sich zur Erinnerung alle seine Taten und Aussprüche vor Augen führen und die Gestalt und Schönheit seiner Seele statt des Körpers erfassen – ich habe nichts gegen Statuen, aber wie die Menschen selbst sind auch ihre Bildnisse vergänglich, nur die Gestalt des Geistes ist ewig; und diesen kann man nicht materiell, sondern nur in seinem eigenen Charakter festhalten.

(4) Quidquid ex[1] Agricola amavimus, quidquid mirati sumus, manet mansurumque est in animis hominum,
25 in aeternitae temporum, fama rerum.

Nam multos veterum, velut inglorios et ignobiles[2], oblivio[3] obruit[4] – Agricola posteritati[5] narratus et traditus superstes[6] erit.

1 ex + *Abl.:* hier: an jmdm. – **2 ignōbilis**, e: unbekannt – **3 oblīviō**, ōnis *f.:* Vergessen – **4 obruere**, -ruō, -ruī, -rutum: begraben, verdunkeln – **5 posteritās**, ātis *f.:* Nachwelt – **6 superstes,** stitis: fortlebend, überlebend

1. Wiederum handelt es sich bei der deutschen Textfassung um eine Paraphrase. Demonstrieren Sie das, indem Sie folgende Wendungen des deutschen Texts im Lateinischen wiederfinden und anschließend zum Vergleich (ggf. mit Hilfsmitteln) möglichst wörtlich übersetzen:
   § 1: »… mache unserer übermäßigen Trauer ein Ende«
   § 2: »… so ehrt man einen lieben Verwandten«
   § 3: »… ich habe nichts gegen Statuen«
2. Stellen Sie aus dem lateinischen Text ein möglichst umfassendes Wortnetz zum Thema »Umgang mit Trauer« zusammen.
3. Zeigen Sie, dass der ganze Epilog Spuren einer *consolatio* sowie einer *laudatio funebris* aufweist.
4. Der *Agricola* war das erste Werk des Tacitus. Nehmen Sie vor diesem Hintergrund Stellung zum Schluss (bes. § 4): Mit welchem Gedanken beendet Tacitus die Schrift? Welche Bedeutung fällt dabei ihm selbst zu?

T Gattungseinflüsse: *laudatio funebris* und *consolatio*

Eine *laudatio funebris* (dt. »Lobrede auf einen Verstorbenen«) wurde meist vom engsten männlichen Angehörigen eines verstorbenen adligen Römers am Ende des Trauerzugs gehalten. In der Regel geschah dies in aller Öffentlichkeit auf der Rednerbühne (lat. *rostra*) des Forum Romanum. Wie der Name *laudatio* schon andeutet, wurden in einer solchen Leichenrede die Taten, Verdienste und charakterlichen Vorzüge des Verstorbenen lobend – nicht selten auch in übertriebener, idealisierender Manier – herausgestellt, aber zugleich sollten auch seine Vorfahren (lat. *maiores*) bzw. seine Familie (lat. *gens*) gerühmt werden, an deren Leistungen der Tote entsprechend anknüpfte bzw. sie im Idealfall noch übertraf. Auf diese Weise sollten der Verstorbene und seine Familie öffentlichkeitswirksam als Vorbild für alle Römer präsentiert werden. Durch den so erlangten und weitergetragenen Ruhm, davon waren viele Römer überzeugt, konnten sie gewissermaßen unsterblich werden. Deshalb wurde die Rede meist auch archiviert und so den Nachfahren zugänglich gemacht; später entwickelte sich eine eigene literarische Gattung daraus.

Als *consolatio* (dt. »Trostschrift«) bezeichnete man eine Schrift, die der Bewältigung und Linderung von Trauer nach dem Tod eines Angehörigen dienen sollte. Der Autor konnte sowohl versuchen, sich selbst zu trösten, oder jemand anderen adressieren. Wichtig war natürlich, dass man herausstellte, warum der Tod der jeweiligen Person zwar schmerzlich war, aber auch etwas Gutes hatte: zum Beispiel ein bis zum letzten Atemzug im Dienste des Gemeinwesens verlebtes, erfülltes Leben; ein nur kurzes Leiden; Wohlergehen und Gesundheit von Familie und Angehörigen usw. Es liegt nahe, dass eine *consolatio* oftmals mit philosophischem Gedankengut durchsetzt war – vor allem in der stoischen Lehre konnten Trauernde mehrere Punkte finden, die potentiell Trost spenden konnten (z. B. Unbedeutendheit von Affekten und äußeren Gütern, Vorrang von selbstbestimmtem und vernunftgemäßem Handeln im Sinne der *virtus*, Zugehörigkeit der menschlichen Seele zu einem göttlichen Ursprung).

Lernwortschatz

1. Zentrale Wortfelder

Militär	
arma, ōrum n.Pl.	Waffen
bellum, ī n.	Krieg
castra, ōrum n.Pl.	Feldlager
classis, is f.	Flotte
cōpiae, ārum f.Pl.	Truppen
dux, ducis m./f.	Feldherr
exercitus, ūs m.	Heer
expedītiō, ōnis f.	Feldzug
hostis, is m.	(Staats-)Feind
legiō, ōnis f.	Legion
mīles, itis m.	Soldat
pāx, pācis f.	Frieden
victōria, ae f.	Sieg

Politik	
cīvitās, ātis f.	Volksstamm
colōnia, ae f.	römische Siedlung
cōnsul, ulis m.	Konsul
cōnsulāris, is m.	Konsular (ehemaliger Konsul)
lībertās, ātis f.	Freiheit
lībertus, ī m.	Freigelassener
officium, iī n.	Pflicht, Amtsgeschäft
prīnceps, cipis m.	Kaiser; Stammesfürst
prīncipātus, ūs m.	Prinzipat (Staatsform)
prōcōnsul, ulis m.	Prokonsul (Statthalter)
prōvincia, ae f.	Provinz
senātus, ūs m.	Senat
servitūs, ūtis f.	Sklaverei

Werte, Charaktereigenschaften und geistige Qualitäten	
animus, ī m.	Geist; Herz; Mut; Haltung, Einstellung
cōnsilium, iī n.	Plan, Rat, Beschluss; Klugheit, Berechnung
ēloquentia, ae f.	Beredsamkeit
fāma, ae f.	Gerücht; Ruf; Ruhm
formīdō, inis f.	Angst, Scheu
glōria, ae f.	Ruhm
honor, ōris m.	Ehre; Ehrenamt; Ehrenbezeugung
ingenium, iī n.	natürliche Beschaffenheit; Geist, Talent, Begabung
invidia, ae f.	Neid, Missgunst
īra, ae f.	Zorn
memoria, ae f.	Gedächtnis/Erinnerung; Andenken
moderātiō, ōnis f.	Mäßigung, rechtes Maß
modestia, ae f.	Mäßigung, Bescheidenheit
modus, ī m.	Mäßigung, rechtes Maß
obsequium, iī n.	Gehorsam
ōtium, iī n.	Nichtstun, Ruhe
prūdentia, ae f.	Klugheit, Umsicht
ratiō, ōnis f.	Einsicht, Klugheit; Vernunft
sapientia, ae f.	Weisheit, Klugheit
sēgnitia, ae f.	Trägheit
studium, iī n.	Eifer; Parteinahme; wissenschaftliche Beschäftigung, Gelehrsamkeit
virtūs, ūtis f.	Tatkraft; Mut; sittliche Vollkommenheit
vitium, iī n.	Fehler, Laster
voluptās, ātis f.	Lust, Vergnügen

Einige **kleine Wörter** haben bei Tacitus mitunter eine spezielle Bedeutung, die man zusätzlich zur Grundbedeutung kennen sollte:

Vokabel	gewöhnl. Lernbedeutung	bei Tacitus dagegen oft:
et	und	sogar, auch
mox	bald	dann, darauf
ita	so	deshalb, daher
plerique	die meisten	viele
plerumque	meistens	oft
ceterum	übrigens, im Übrigen	aber
in +Akk.	hin, zu *(zu einem Ort)*	zu *(einem Zweck/Ziel)*

2. Das Ausmaß geistiger Unterdrückung

    īgnis, is m. — Feuer
    vōx, vōcis f. — Stimme
    cōnscientia, ae f. — Gewissen; Bewusstsein
    genus, generis n. — Abstammung, Herkunft; Geschlecht
5 arbitrārī (arbitror, ātus sum) — glauben, meinen
    expellere (pellō, pulī, pulsum) — vertreiben
    exilium, iī n. — Verbannung, Ausweisung
    honestus, a, um — ehrenhaft, anständig, sittlich-gut
    occurrere (currō, currī, cursum) — begegnen, vorkommen
10 grandis, e — groß, bedeutend
    patientia, ae f. — Erleiden; Entsagung, Unterwürfigkeit
    sīcut … ita — wie … so
    vetus (Gen.: veteris) — alt
    aetās, ātis f. — Lebensalter; Zeitalter; Sommer
15 ultimus, a, um — der letzte, der äußerste
    loquī (loquor, locūtus sum) — sprechen, reden (über etw.)
    quoque — auch
    perdere (perdō, didī, ditum) — verlieren
    tam … quam — so … wie
20 oblīvīscī (oblīvīscor, oblītus sum) — vergessen
    tacēre (taceō, tacuī, tacitum) — schweigen, verschweigen

6. Gnaeus Iulius Agricola

    inlūstris, e — glänzend, berühmt
    orīrī (orior, ortus sum) — entstehen, abstammen, geboren werden
    uterque, utraque, utrumque — jeder (von beiden)
        (Gen.: utrīusque)

avus, ī m.	Großvater
5 senātōrius, a, um	senatorisch, zu den Senatoren gehörig
ōrdō, ordinis m.	Stand, Rang
nōtus, a, um	bekannt
accūsāre	anklagen
iubēre (iubeō, iūssī, iussum)	befehlen
10 interficere (ficiō, fēcī, fectum)	töten, umbringen
rārus, a, um	selten, einzigartig
castitās, ātis f.	Anstand, Sittenreinheit
sinus, ūs m.	Schoß
ēducāre	aufziehen, großziehen, *Passiv:* aufwachsen
15 cultus, ūs m.	Pflege; Beschäftigung, Übung
pueritia, ae f.	Kindheit
adulēscentia, ae f.	Jugend
praeter +Akk.	außer, abgesehen von etw.
integer, gra, grum	unversehrt, unverdorben, rein
20 nātūra, ae f.	Wesen; Charakter, Sinnesart
statim	sofort, auf der Stelle
sēdēs, is f.	Wohnsitz
magistra, ae f.	Lehrerin, Leiterin
cōmitās, ātis f.	Gefälligkeit, Freundlichkeit
25 prōvinciālis, e	provinzialisch, zu einer Provinz gehörig
miscēre (misceō, miscuī, mixtum)	vermischen, vermengen
compōnere (pōnō, posuī, positum)	zusammenstellen, einrichten
solēre (soleō, solitus sum)	gewohnt sein, gewöhnlich etwas tun
nārrāre	erzählen, schildern
30 iuventa, ae f.	Jugend
ācer, ācris, ācre	heftig, energisch, ungestüm
incendere, -cendō, -cendī, -cēnsum	anzünden, in Brand setzen
flagrāre	lodern, brennen
coercēre (-erceō, -ercuī, -ercitum)	bändigen, zügeln, einschränken
35 pulchritūdō, inis f.	Schönheit, Herrlichkeit
sublīmis, e	erhaben
excelsus, a, um	hervorragend, ausgezeichnet
vehemēns, entis	hitzig, stürmisch
adpetere (petō, petīvī, petītum)	nach etw. greifen, anstreben, begehren
40 retinēre (tineō, tinuī, tentum)	behalten, sich bewahren

7. Erste Schritte als Soldat

dīligēns, entis	umsichtig, sorgsam
moderātus, a, um	gemäßigt, besonnen
mōre (Abl. von mōs, mōris m.)	nach Art von, wie
iuvenis, is m./f.	jung, junger Mann/junges Mädchen
5 mīlitia, ae f.	Kriegsdienst
lascīvia, ae f.	Ausgelassenheit, Zügellosigkeit
vertere (vertō, vertī, versum)	verdrehen in, verkehren in
īnscītia, ae f.	Unerfahrenheit, Unkenntnis
nōscere (nōscō, nōvī, nōtum)	kennenlernen
10 discere (discō, didicī)	lernen
perītus, a, um	erfahren, kundig
sequī (sequor, secūtus sum)	folgen, begleiten
recūsāre	ablehnen, zurückweisen
simul	gleichzeitig, zugleich
15 anxius, a, um	besorgt, unruhig
intentus, a, um	eifrig, angestrengt
exercitātus, a, um	aufgewühlt, unruhig
ambiguus, a, um	unsicher, ungewiss
trucīdāre	abschlachten, niedermetzeln
20 veterānus, ī m.	Veteran *(ausgedienter Soldat)*
salūs, ūtis f.	Rettung, Überleben
certāre dē +Abl.	um etw. kämpfen
etsī	auch wenn
ductus, ūs m.	Führung, Leitung
25 alter, era, erum (Gen.: alterīus)	der andere (von zweien)
ūsus, ūs m.	Nutzen, Notwendigkeit; Übung, Erfahrung
stimulus, ī m.	Ansporn, Antrieb
addere (dō, didī, ditum)	hinzufügen, vermehren
intrāre	betreten, eindringen
30 cupīdō, inis f.	Begierde, Verlangen
ingrātus, a, um	unwillkommen, unerwünscht
nec minus … quam	nicht weniger … als
perīculum, ī n.	Gefahr; Anklage, Prozess

9. Lob einer *virtus in obsequendo*

	praeesse (sum, fuī) +Dat.	einer Sache vorstehen, an der Spitze stehen
	placidus, a, um	sanft, friedfertig
	ferōx, ōcis	wild, unbändig, trotzig
	dīgnus, a, um +Abl.	einer Sache angemessen, würdig
5	vīs, Akk.: vim, Abl.: vī	Kraft, Gewalt
	ārdor, ōris m.	Eifer, Leidenschaft
	obsequī (sequor, secūtus sum)	gehorchen
	ērudītus, a, um	unterrichtet, ausgebildet (in etw.)
	ūtilis, e	nützlich, praktisch
10	brevī <tempore>	kurz darauf, nach kurzer Zeit
	accipere (cipiō, cēpī, ceptum)	vernehmen, hören; erhalten, aufnehmen
	spatium, iī n.	Platz, Ausdehnung; Freiraum, Gelegenheit
	exemplum, ī n.	Beispiel, Vorbild
	prīmō	zuerst, anfangs
15	modo	nur, bloß
	pars, partis f.	Teil, Abteilung
	aliquando	irgendwann, manchmal, endlich einmal
	praeficere (ficiō, fēcī, fectum) +Dat.	jmdm. das Kommando über etw. geben, jmdn. an die Spitze von etw. stellen
	umquam	jemals, irgendwann einmal
20	gesta, ōrum n.Pl.	Taten
	auctor, ōris m./f.	Urheber, Verantwortlicher
	verēcundia, ae f.	Zurückhaltung, Achtung, Scheu
	extrā +Akk.	außerhalb von etw., fern von etw.

11. Eine ferne Insel

	scrīptor, ōris m.	Schriftsteller, Autor
	memorāre	erinnern; berichten, darlegen
	comparātiō, ōnis f.	Vergleich, Gegenüberstellung
	prīmum	zuerst, zum ersten Mal
5	perdomāre (domō, domuī, domitum)	völlig bezwingen, unterwerfen
	priōrēs, um m.Pl.	Vorgänger
	nōndum	noch nicht
	trādere (dō, didī, ditum)	übergeben, abgeben; überliefern
	ōra, ae f.	Küste
10	mare, is n.	Meer
	adfirmāre	bestätigen
	incōgnitus, a, um	unbekannt
	ad id tempus	bis zu dieser Zeit

	invenīre (veniō, vēnī, ventum)	finden, entdecken
15	hiems, hiemis f.	Winter
	adpetere (petō, petīvī, petītum)	herankommen, sich nähern
	piger, pigra, pigrum	träge, langsam
	gravis, e	schwer; beschwerlich; ernst, charakterfest
	nē … quidem	nicht einmal
20	ventus, ī m.	Wind
	mōns, montis m.	Berg, Gebirge
	tempestās, ātis f.	Sturm, Unwetter
	tardus, a, um	langsam
	impellere (pellō, pulī, pulsum)	antreiben, in Bewegung setzen

13. Wer sind die Britannier?

	vīcīnus, a, um	benachbart
	occupāre	besetzen, einnehmen
	crēdibilis, e	glaubhaft
	sacra, ōrum n.Pl.	Heiligtümer; heilige Bräuche
5	persuāsiō, ōnis f.	Überzeugung, Einbildung
	sermō, ōnis m.	Sprache, Ausdrucksweise; Gespräch
	haud	nicht, keineswegs
	dīversus, a, um	entfernt, verschieden, unterschiedlich
	audācia, ae f.	Verwegenheit, Vermessenheit, Frechheit
10	advenīre (veniō, vēnī, ventum)	ankommen; sich nähern, hereinbrechen
	ferōcia, ae f.	Kampflust, Unbändigkeit
	praeferre (ferō, tulī, lātum)	an den Tag legen, zeigen, offenbaren
	āmittere (mittō, mīsī, missum)	verlieren, einbüßen
	pariter ac	ebenso wie, auf gleiche Weise wie
15	manēre (maneō, mānsī, mānsum)	bleiben
	quālis, e	(so …) wie

14. Gesellschaftsordnung, Klima und Bodenschätze

	pedes, peditis m.	Fußsoldat
	rōbur, oris n.	Kraft, Stärke
	quidam, quaedam, quoddam	ein gewisser; *im Plural:* einige
	nātiō, ōnis f.	Stamm, Volk
5	currus, ūs m.	Streitwagen
	ōlim	früher, einst
	parēre (pareō, paruī)	gehorchen
	factiō, ōnis f.	Gruppe, Interessensgemeinschaft
	adversus +Akk.	gegen etw.

10	validus, a, um	stark, einflussreich
	commūnis, e	gemeinsam
	cōnsulere (sulō, suluī, sultum)	sich beraten; für etw. sorgen
	duo, ae, o	zwei
	trēs, tria	drei
15	crēber, bra, brum	häufig, wiederholt
	imber, bris m.	Regen, Regenguss
	nebula, ae f.	Dunst, Nebel
	foedus, a, um	widrig, scheußlich
	abesse (absum, āfuī)	fehlen, nicht da sein
20	ultrā +Akk.	über etw. hinaus, mehr als etw.
	nox, noctis f.	Nacht
	fīnis, is f.	Ende, Grenze; *Plural:* Gebiet, Territorium
	initium, iī n.	Anfang, Beginn
	lūx, lūcis f.	Licht, Tageslicht
25	exiguus, a, um	winzig, sehr klein
	discrīmen, minis n.	Unterschied
	citō	schnell, rasch

15. Boudicca, Königin der Icener

	opulentia, ae f.	Reichtum, Wohlstand
	tālis, e	ein solcher/solches
	procul +Abl.	fern von etw.
	iniūria, ae f.	Unrecht, Schaden
5	adeō ut ...	so sehr, dass ...
	centuriō, ōnis m.	Zenturio *(Befehlshaber einer Hundertschaft)*
	vāstāre	verwüsten, verheeren
	adficere (ficiō, fēcī, fectum) +Abl.	versehen, misshandeln mit etw.
	violāre	misshandeln; schänden, vergewaltigen
10	quisque, quaeque, quodque	jeder; *nach einem Superlativ:* gerade der ...
	bona, ōrum n.Pl.	Güter, Vermögen
	propinquus, a, um	verwandt, nahestehend
	contumēlia, ae f.	Schändung, Misshandlung
	metus, ūs m.	Angst, Furcht
15	mūnīmentum, ī n.	Befestigung, Schutz
	parum	zu wenig
	quidem	jedenfalls, wenigstens, zwar
	impetus, ūs m.	Ansturm, Angriff
	obsidēre (sideō, sēdī, sessum)	belagern
20	expūgnāre	bezwingen, überwinden, vernichten
	lēgātus, ī m.	Befehlshaber, Kommandeur

nōnus, a, um	der neunte
subsidium, iī n.	Hilfe, Unterstützung
mīrus, a, um	wundersam, erstaunlich
25 obvius īre (eō, iī, itum)	entgegenziehen, entgegengehen
cōnstantia, ae f.	Ausdauer, Unerschrockenheit, Beherztheit
cōpia, ae f.	Fülle, große Menge
celeber, bris, bre	belebt, besucht; berühmt
dēligere (ligō, lēgī, lēctum)	auswählen, machen zu
30 circumspicere (spiciō, spexī, spectum)	sich nach etw. umsehen, rings umschauen
damnum, ī n.	Schaden, Unheil, Untergang
statuere (statuō, uī, ūtum)	beschließen, sich vornehmen
flētus, ūs m.	Weinen, Schluchzen
lacrima, ae f.	Träne
35 ōrāre	flehen, bitten um
quīn *(nach verneintem Hauptsatz)*	dass
sexus, ūs m.	Geschlecht
fessus, a, um	müde, erschöpft
dulcēdō, inis f.	Lieblichkeit, Charme, Reiz
40 opprimere (primō, pressī, pressum)	niederstrecken
clādēs, is f.	Niederlage, Unheil
caedere (caedō, cecīdī, caesum)	töten, umbringen, niedermachen
cōnstāre (stō, stitī)	feststehen, allgemein bekannt sein
caedēs, is f.	Mord, Töten
45 crux, crucis f.	Kreuz; Kreuzigung
festīnāre	eilig etw. tun, sich beeilen mit etw.

17. Aufrecht bis zum Schluss

accēdere (cēdō, cessī, cessum)	sich nähern, herankommen
bellāre	Krieg führen, kämpfen
opēs, opum f.Pl.	Vermögen, Reichtum
ulcīscī (ulcīscor, ultus sum)	rächen
5 vērum	sondern
vulgus, ī n.	Volk, Menge, breite Masse
pudīcitia, ae f.	Keuschheit, Sittsamkeit
senecta, ae f.	Greisenalter, hohes Alter
virginitās, ātis f.	Jungfräulichkeit
10 impollūtus, a, um	unbefleckt, unberührt
iūstus, a, um	gerecht, rechtmäßig
proelium, iī n.	Kampf, Schlacht
audēre (audeō, ausus sum)	wagen, riskieren
occultāre	verbergen, verstecken

15	aciēs, ēī f.	Schlacht
	servīre	dienen, Sklave sein
	mulier, eris f.	Frau
	nex, necis f.	Mord, Ermordung
	augēre (augeō, auxī, auctum)	vergrößern, wachsen lassen; aufbauschen
20	pār, paris +Dat.	vergleichbar, gleichkommend (einer Sache)
	laus, laudis f.	Lob, Ruhm
	quippe	ja, tatsächlich
	vulnerāre	verwunden
	venēnum, ī n.	Gift

18. Ein überaus dynamischer Auftakt

	status, ūs m.	Zustand, Situation, Lage
	trānsgredī (gredior, gressus sum)	übersetzen, hinübergehen
	omittere (mittō, mīsī, missum)	etw. sein lassen, einstellen, aufgeben
	sēcūritās, ātis f.	Sorglosigkeit, Unbekümmertheit
5	occāsiō, ōnis f.	Gelegenheit, günstiger Zeitpunkt
	ērigere (rigō, rēxī, rēctum)	erheben, ermutigen
	subitus, a, um	plötzlich, unvermutet
	nāvis, is f.	Schiff
	dēesse (sum, fuī)	fehlen, weg sein
10	dēpōnere (pōnō, posuī, positum)	ablegen, absetzen
	lēctus, a, um	ausgewählt, erlesen; vortrefflich
	auxiliārēs, ium m.Pl.	Hilfstruppen *(einheimische Verbündete)*
	regere (regō, rēxī, rēctum)	beherrschen, handhaben
	immittere (mittō, mīsī, missum)	hineinschicken, hinüberschicken
15	petere (petō, petīvī, petītum)	ersuchen, bitten um etw.
	ingredī (gredior, gressus sum)	hineingehen, betreten
	ostentātiō, ōnis f.	Zurschaustellung, Prahlerei
	ambitus, ūs m.	Ehrgeiz; Eitelkeit
	placēre (placeō, placuī, placitum)	gefallen, sich zu etw. entschließen
20	prosperitās, ātis f.	günstige Lage, Glück
	vānitās, ātis f.	Prahlerei, nichtige Eitelkeit
	dissimulātiō, ōnis f.	Verheimlichung, Maskierung
	quantus, a, um	wie groß, wie viel
	futūrum, ī n.	Zukunft

19. Musterbild eines Statthalters

	prūdēns, entis +Gen.	in Kenntnis einer Sache
	experīmentum, ī n.	Versuch, Probe

precēs, precum f.Pl.	Bitten
fīdus, a, um	treu, zuverlässig
5 peccātum, ī n.	Fehler, Vergehen
venia, ae f.	Nachsicht, Vergebung
sevēritās, ātis f.	Strenge, Unerbittlichkeit
poena, ae f.	Strafe, Bestrafung
contentus, a, um	zufrieden
10 potius	eher, lieber
peccāre	einen Fehler machen, sich vergehen
incūria, ae f.	Sorglosigkeit, Nachlässigkeit, Leichtsinn
intolerantia, ae f.	Unausstehlichkeit, Anmaßung
contrahere (trahō, trāxī, tractum)	zusammenziehen, versammeln
15 agmen, minis n.	Heereszug, Heer
silva, ae f.	Wald
excursus, ūs m.	Ausfall, Angriff
satis	genügend, hinlänglich
terrēre (terreō, terruī, territum)	Schrecken einjagen, einschüchtern
20 parcere (parcō, pepercī)	schonen
rūrsus	wieder, von neuem
obses, sidis m./f.	Geisel
praesidium, iī n.	Besatzungstruppe, Wachposten
castellum, ī n.	Kastell, Fort, Stützpunkt
25 circumdare (-dō, -dedī, -datum)	umgeben
cūra, ae f.	Sorge, Sorgfalt
trānsīre (eō, iī, itum)	übergehen (in jmds. Besitz)

20. Agricola als Zivilisationsstifter?

hiems, hiemis f.	Winter
rudis, e	wild, ungebildet, unzivilisiert
quiēs, ētis f.	Ruhe, ruhiges Verhalten
hortārī (hortor, hortātus sum)	ermahnen, antreiben, ermutigen
5 prīvātim	persönlich, als Privatmann; jeder für sich
adiuvāre (iuvō, iūvī, iūtum)	helfen, unterstützen
forum, ī n.	Forum, Marktplatz
extruere (truō, trūxī, trūctum)	bauen, errichten
prōmptus, a, um	bereitwillig, entschlossen
10 sēgnis, e	träge, faul
aemulātiō, ōnis f.	Nacheiferung, Wetteifer
iam vērō	in der Tat, sogar
ērudīre (rudiō, rudīvī, rudītum)	unterrichten, lehren, ausbilden

	modo	eben noch, gerade noch
15	inde	daher, seitdem
	frequēns, entis	zahlreich, häufig
	paulātim	allmählich, nach und nach
	discēdere (cēdō, cessī, cessum)	sich etw. zuwenden, sich begeben zu etw.
	ēlegantia, ae f.	Erlesenheit, Eleganz
20	hūmānitās, ātis f.	Menschlichkeit; Kultiviertheit, Zivilisation

21. Kritik an Rom – Die Rede des Calgacus

	hodiernus, a, um	heutig
	sēcūrus, a, um	sicher, gefahrlos
	fortis, e	stark, mutig
	īgnāvus, a, um	untätig, faul; feige
5	tūtus, a, um	sicher
	varius, a, um	wechselhaft, hin- und herwogend
	spēs, eī f.	Hoffnung
	manus, ūs f.	Hand
	lītus, oris n.	Strand, Küste
10	aspicere (spiciō, spēxī, spectum)	erblicken, anschauen
	oculus, ī m.	Auge
	contāctus, ūs m.	Berührung, Kontakt
	dominātiō, ōnis f.	Gewaltherrschaft, Tyrannei
	extrēmus, a, um	der äußerste, der letzte
15	dēfendere (fendō, fendī, fēnsum)	verteidigen, beschützen
	terminus, ī m.	Ende, Grenze
	patēre (pateō, patuī)	offenstehen
	īgnōtus, a, um	unbekannt
	nihil nisi	nichts außer
20	flūctus, ūs m.	Welle, Wasserfluten
	saxum, ī n.	Felsen, Stein
	superbia, ae f.	Hochmut, Überheblichkeit
	frūstrā	vergeblich
	effugere (fugiō, fūgī)	entfliehen, entkommen
25	orbis, is m.	Erdkreis, Welt
	avārus, a, um	geizig, habgierig
	pauper, eris	arm
	ambitiōsus, a, um	ruhmsüchtig
	inopia, ae f.	Armut, Mangel
30	trucīdāre	abschlachten, niedermetzeln
	sōlitūdō, inis f.	Einsamkeit, Einöde
	appellāre	etw. benennen

23. Ein neidischer und angstvoller Princeps

laetus, a, um	froh, freudig
pectus, oris n.	Herz, Seele
excipere (cipiō, cēpī, ceptum)	empfangen, aufnehmen; vernehmen, hören
nūper	vor kurzem, neulich
5 captīvus, ī m.	Kriegsgefangener
speciēs, ēī f.	das Äußere, äußere Gestalt
vērus, a, um	wahr, echt
tot	so viele
mīlle; *Plural:* mīlia	tausend
10 ingēns, entis	ungeheuer, gewaltig
prīvātus, a, um	Privat-, zu einer einzelnen Person gehörig
dissimulāre	verbergen, verheimlichen
saevus, a, um	grausam
indicium, iī n.	Anzeichen, Merkmal
15 repōnere (pōnō, posuī, positum)	zurückstellen, ruhen lassen
odium, iī n.	Hass
dōnec	solange bis
obtinēre (tineō, tinuī, tentum)	in Besitz haben, behaupten

24. Rückkehr im Schutz der Nacht

interim	mittlerweile, inzwischen
quiētus, a, um	ruhig, friedlich
notābilis, e	auffällig, Aufsehen erregend
frequentia, ae f.	große Anzahl
5 vītāre	vermeiden, aus dem Weg gehen
noctū	nachts
brevis, e	kurz, knapp, klein
turba, ae f.	Menge, Schar
temperāre	mäßigen, abschwächen
10 trānquillitās, ātis f.	Ruhe, Stille
modicus, a, um	gemäßigt, besonnen
mōs est +Dat.	es ist jmds. Sitte, jemand ist gewohnt zu …
quaerere (quaerō, quaesīvī, quaesītum)	suchen, fragen nach
paucī, ae, a	(nur) wenige

26. Gefährlicher Heldenstatus

absēns, entis	abwesend, in Abwesenheit
crīmen, minis n.	Vergehen, Verbrechen
ūllus, a, um	irgendein

quisquam, quaequam, quidquam	irgendjemand
5 inimīcus, ī m.	(persönlicher) Feind
genus, generis n.	Art, Typ
sinere (sinō, sīvī, situm)	zulassen, erlauben
temeritās, ātis f.	Planlosigkeit, Unbedachtsamkeit
īgnāvia, ae f.	Trägheit; Feigheit
10 cohors, tis f.	Kohorte *(10. Teil einer Legion)*
hīberna, ōrum n.Pl.	Winterlager
annus, ī m.	Jahr
pōscere (pōscō, popōscī)	fordern, verlangen
comparāre	vergleichen, gegenüberstellen
15 vigor, ōris m.	Tatkraft, Energie
inertia, ae f.	Trägheit, Passivität
cōnstat +AcI	es steht fest, dass …
auris, is f.	Ohr
fidēs, eī f.	Treue, Aufrichtigkeit, Gewissenhaftigkeit

27. Mäßigung als Schlüssel

hūmānus, a, um	menschlich
ōdisse (ōdī)	hassen

28. Große Männer in schwierigen Zeiten

egēre (egeō, eguī) +Gen.	etw. nicht haben, etw. nötig haben
auctōritās, ātis f.	Geltung, Einfluss, Autorität
grātia, ae f.	Beliebtheit, Gunst
cōgere (cōgō, coēgī, coactum)	zwingen, jmdn. dazu bringen, etw. zu tun
5 dubitāre	zögern, zweifeln
utrum … an	ob … oder
sors, sortis f.	Los, Zufall
nāscī (nāscor, nātus sum)	geboren werden, entstehen
licet	es ist möglich
10 ambitiō, ōnis f.	Ehrgeiz, Strebsamkeit
vacuus, a, um +Abl.	frei von etw., ohne etw.

29. Tod und Schmierentheater

trīstis, e	traurig
mors, mortis f.	Tod
laetārī (laetor, laetātus sum)	sich freuen

31. Apostrophe eines Toten

  cūria, ae f.   die Kurie (*Versammlungsort des Senats*)
  claudere (claudō, clausī, clausum)   schließen, versperren, umstellen
  fuga, ae f.   Flucht
  dūcere (dūcō, dūxī, ductum)   ziehen, führen
5 innocēns, entis   unschuldig
  sanguis, inis m.   Blut
  perfundere (fundō, fūdī, fūsum)   übergießen, begießen
  scelus, eris n.   Bosheit, Frevel, Verbrechen
  spectāre   anschauen, betrachten
10 miseria, ae f.   Elend, Jammer, Unglück
  fēlīx, īcis   glücklich
  nōn tantum … sed etiam   nicht nur … sondern auch
  clāritās, ātis f.   Glanz, Pracht, Berühmtheit
  interesse (sum, fuī) +Dat.   bei etw. anwesend sein, dabei sein
15 cōnstāns, antis   standhaft, entschlossen
  dolor, ōris m.   Schmerz
  vulnus, eris n.   Wunde, Verwundung
  absentia, ae f.   Abwesenheit
  sine dubiō   zweifellos, ohne Zweifel
20 parēns, entis   Vater/Mutter (*Plural:* Eltern)
  adsidēre (sideō, sēdī, sessum)   dabeisitzen, zur Seite stehen
  amāns, antis   liebevoll
  uxor, ōris f.   Gattin, Ehefrau

32. Die Gestalt des Geistes ist ewig

  quisquis, quaequae, quidquid   wer auch immer, alles was
  mīrārī (mīror, mīrātus sum)   bewundern
  aeternitās, ātis f.   Ewigkeit
  inglōrius, a, um   ruhmlos

Wichtige Stilmittel und ihre Funktionen

Anapher (die)	Wiederaufnahme des gleichen Wortes am Anfang aufeinanderfolgender Wortgruppen oder Sätze, z. B. Agr. 9: **procul** *ab aemulatione adversus collegas,* **procul** *a contentione adversus procuratores*
	→ Die Wiederholung des *procul* (hier verbunden mit einem Parallelismus) betont Agricolas politisch kluges Agieren.
Antithese (die)	Gegenüberstellung gedanklich entgegengesetzter Wörter, Wortgruppen oder Sätze, z. B. Agr. 19: **Parvis** *peccatis veniam,* **magnis** *severitatem commodare*
	→ Mit dem pointierten doppelten Gegensatz betont Tacitus das situationsgerechte, maßvolle Verhalten des Agricola.
Asyndeton (das)	›Unverbundene‹ Aneinanderreihung von Wortgruppen durch Auslassung von Konjunktionen (besond. *et/aut*), z. B. Agr. 43: *Finis vitae eius nobis luctuosus, amicis tristis, extraneis etiam ignotisque non sine cura fuit*
	→ Das Fehlen von *et* sorgt für Knappheit und steigert so den Eindruck einer allgegenwärtigen Trauer um Agricola.
Chiasmus (der)	Überkreuzstellung einander entsprechender Begriffe/Satzteile (benannt nach dem griech. Buchstaben X = Chi), z. B. Agr. 5: *nihil <u>adpetere</u> **in iactationem**,* *nihil **ob formidinem** <u>recusare</u>*
	→ Die chiastische Wortstellung betont die Gegenüberstellung von *adpetere/recusare* sowie *iactatio/formido*.
Ellipse (die)	Auslassung von aus dem Zusammenhang zu ergänzenden Wörtern oder Satzteilen, z. B. Agr. 6: *(effecit,) ne cuius alterius sacrilegium res publica quam Neronis <**sacrilegium**> sensisset*
	→ Die Auslassung des schon genannten Substantivs spitzt die Aussage zu und hebt den besonderen Frevel Neros hervor.
Hypérbaton (das)	Zusammengehörige Wörter eines Satzglieds sind durch andere Wörter getrennt, z. B. Agr. 45: **nostrae** *duxere Helvidium in carcerem* **manus**
	→ Die Sperrung betont die Verantwortung, die Tacitus bei sich und seinen Standesgenossen sieht. Zudem wirkt das Opfer Helvidius dadurch ihrer Gewalt besonders ausgeliefert (abbildende Wortstellung).

Metapher (die)	Bildhafter Ausdruck bzw. Wort mit einer uneigentlichen Bedeutung (also ein Vergleich ohne »wie«), z. B. Agr. 19: *primum* **domum** *suam* **coercuit**
	→ Die metaphorische Gleichsetzung von Agricolas Haus(halt) mit undisziplinierten Sklaven illustriert sein Durchgreifen.
Metonymie (die)	Ein Wort wird durch ein anderes, ihm gedanklich nahestehendes aus einem verwandten Sachbereich ersetzt, z. B. Agr. 9: *Agricola, quamvis inter* **togatos***, facile iusteque agebat*
	→ Normale Bürger tragen die Toga – Tacitus betont, dass der Soldat Agricola auch unter Nicht-Soldaten Ansehen erwarb.
Paradoxon (das)	Überraschende Aussage, die auf den ersten Blick nicht sinnvoll oder widersprüchlich erscheint, z. B. Agr. 3: **invisa** *primo desidia postremo* **amatur**
	→ Tacitus hebt einen scheinbaren Widerspruch prägnant hervor: Etwas eigentlich Verhasstes wird auf einmal geliebt.
Parallelismus (der)	Gleicher Bau einander entsprechender Satzglieder bei annähernd gleicher Wortzahl, z. B. Agr. 8: *saepe parti exercitus in experimentum, aliquando maioribus copiis ex eventu (praefecit).*
	→ Die gleichförmige Bauweise betont, wie regelmäßig und erfolgreich Agricola militärische Verantwortung übernahm.
Polysyndeton (das)	Verbindung von Satzgliedern oder Wortgruppen mit einer mehrfach gebrauchten Konjunktion, z. B. Agr. 5: *(quae cuncta)* **artem et usum et stimulos** *addidere*
	→ Tacitus hebt hervor, welche (gleich) wichtigen Konsequenzen Agricolas erster Dienst als Soldat in Britannien hatte.
Personifikation (die)	Personifizierung von Sachen oder Abstrakta, z. B. Agr. 4: *magistram studiorum Massiliam*
	→ Tacitus hebt die Bedeutung von Marseille für Agricolas Werdegang hervor – die ganze Stadt war seine Lehrerin.
Rhetorische Frage (die)	Scheinfrage, die keine explizite Antwort verlangt, sondern die vom Leser/Hörer im Kopf beantwortet wird, z. B. Agr. 44: *(Agricolae) quid aliud adstruere fortuna poterat?*
	→ Die rhetorische Frage soll unterstreichen, dass Agricola alles erreicht hat in seinem Leben.
Sentenz (die)	Knapper, allgemeingültiger Merkspruch, z. B. Agr. 19: *(doctus) parum profici armis, si iniuriae sequerentur*
	→ Tacitus betont Agricolas politisch-militärische Einsicht.
Trikolon (das)	Dreigliedriger Ausdruck (mitunter auch mit Klimax, d. h. quantitativer oder qualitativer Steigerung), z. B. Agr. 21: *ut* **templa fora domos** *extruerent*
	→ Tacitus betont die vielfältigen, raschen Bautätigkeiten.

Wichtige Stilmittel und ihre Funktionen

Namensregister

Arulenus Rusticus: Angehöriger der Senatsopposition, verfasste eine lobende Biographie des Thrasea Paetus, dafür 93 zum Tod verurteilt.

Atilius Rufus: Legat in Pannonien (80), dann Statthalter in Syrien.

Boudicca: Königin und Heerführerin des britischen Stamms der Icener.

Calgacus: Heerführer der Caledonen, Gegner Agricolas.

Carus Mettius: Gefährlicher Delator (Ankläger) unter Domitian.

Civica: Statthalter Asiens (88/89), ermordet von Domitian.

Domitia Decidiana: Ehefrau des Agricola.

Domitian: Römischer Kaiser (81–96 n. Chr.).

Fabius Rusticus: Römischer Historiker zur Zeit der Flavier (69–96 n. Chr.).

Gaius Caesar (Caligula): Römischer Kaiser (37–41 n. Chr.).

Galba: Kurzzeitig römischer Kaiser im Vierkaiserjahr 69 n. Chr.

Helvidius Priscus: 1) Helvidius d. Ältere: Schwiegersohn Thraseas, wegen seiner offenen Ablehnung von Kaiser Vespasian hingerichtet (73).
2) Helvidius d. Jüngere: Sohn von 1), verspottete angeblich Domitian in einem Theaterstück, wurde dafür 93 hingerichtet.

Herennius Senecio: Angehöriger der Senatsopposition, verfasste eine Lobschrift auf den älteren Helvidius, dafür zum Tode verurteilt (93).

Iulia Procilla: Mutter des Agricola.

Iulius Graecinus: Vater des Agricola.

Livius: Titus Livius (ca. 59 v.-17 n. Chr.), römischer Historiker.

Marcus Silanus: Wohl Vater der ersten Gattin Caligulas, von diesem des Hochverrats bezichtigt und in den Selbstmord getrieben.

Massa Baebius: Zunächst von Herennius Senecio der räuberischen Erpressung angeklagt und verurteilt, danach gefährlicher Delator.

Mauricus: Iunius Mauricus, Bruder des Arulenus Rusticus, Angehöriger der Senatsopposition, wurde unter Domitian verbannt (93).

Messalinus: Eng mit Domitian verbundener, gefürchteter Delator.

Nero: Römischer Kaiser (54–68 n. Chr.).

Nerva: Römischer Kaiser (96–98 n. Chr.).

Prasutagus: Von Rom eingesetzter König der Icener, Gatte Boudiccas.

Petillius Cerialis: Statthalter Britanniens (71–74), Vorgesetzter Agricolas.

Rutilius: P. Rutilius Rufus (ca. 154–78), röm. Historiker, verfasste im Exil eine Lebensbeschreibung in mind. fünf Büchern.

Salvius Titianus: Bruder des späteren Kaisers Otho, Statthalter Asiens 63–64.

Scaurus: M. Aemilius Scaurus (ca. 162–88), aus altem patrizischem Geschlecht, schrieb eine Autobiographie in drei Büchern.

Suetonius Paullinus: Vorgänger Agricolas als Statthalter Britanniens, erfolgreicher Feldherr, besiegte Boudicca und schlug ihren Aufstand nieder.

Thrasea Paetus: Führer der ›stoischen Opposition‹ gegen Nero, schrieb eine Biographie des großen Republikaners Cato d. Jüngeren, Anklage wegen Majestätsbeleidigung (66), Selbstmord.

Trajan: Römischer Kaiser (98–117 n. Chr.).

Vespasian: Römischer Kaiser (69–79 n. Chr.).

Vettius Bolanus: Statthalter Britanniens (69–71), Vorgesetzter Agricolas.